和新井一二三一起讀日文 貳

你一定想知道的日本名詞故事

新井一二三◎著

第23號作品

目錄 Contents

壹 年中行事

〔御雛樣〕

直到十九世紀以前，日本的習慣是左高右低，無論是現實中的天皇還是「雛人形」的天皇都坐在左邊的。

〔御年玉，鏡餅〕

漢人說過年，日本人倒說迎歲，因為漢人文化中的年本來是怪獸（年獸），反之日本文化中的歲是神明（歲神）。

貳 和食詞典

參 紅白男女

肆 信不信由你

秋刀魚皿

日本有種陶瓷盤子叫做秋刀魚皿，是專門用來盛頭尾俱全的秋刀魚鹽燒的。我家用的秋刀魚皿，一種就印有所謂「青海波」花紋。

烏賊素麵

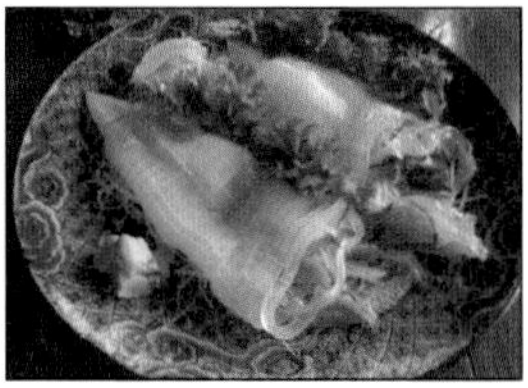

切絲的生烏賊，看起來確實像剛煮好的麵線。放在長方型盤子上，由白色蘿蔔絲、綠色紫蘇絲、葡萄色襄荷片陪伴，美極了。

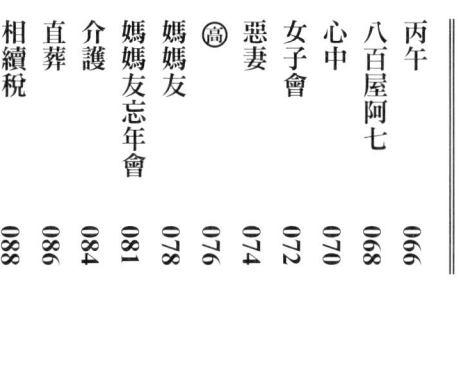

伍

言之有物

紫陽花

紫陽花是繡球花，在日本花兒呈紫色的佔多數，形狀又像太陽，於是叫做「紫陽花」，可以說順理成章。

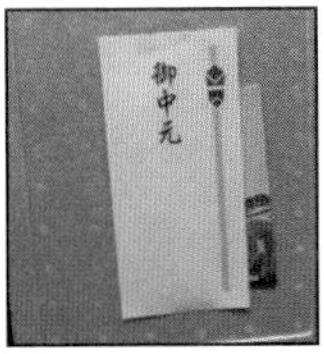

御中元

「御中元」與其說像中國中秋節的月餅，倒不如說像西方人於聖誕節在家庭成員之間交換的禮物了。

陸

都市與家屋

柒 日文動植物園

捌 生活有趣味

着樂堂

每幾個月去一次「着樂堂」選購幾件少女裝，成了我生活中不能沒有的習慣。

它所帶來的樂趣能夠跟逛鮮魚店找新鮮貨色吃刺身相提並論。這可不是誇張的。

Recycle 着物

我之所以開始為女兒常買和服，也是因為她參加了社區舉辦的節慶活動。不過，我給她買的並不是昂貴的全新和服，而是價錢跟T恤差不多的二手和服。

玖

學而時習之

〔洋洋〕

台灣楊德昌導演的遺作「一一」曾獲得二〇〇〇年的坎城電影最佳導演獎。主角吳念真飾演的NJ，日本發行商卻把重點放在他兒子洋洋身上，以「洋洋：夏天的回憶」的片名公映了。

〔徒競走〕

日語「徒競走」是賽跑的意思。每年春天或者秋天，在各所小學舉行的運動會上，最引人注目的節目非賽跑和接力賽跑莫屬。

拾

國境之南北

【序】

文化之神宿在語言細節上

新井一二三

常有機會認識來日本暫居的外國人。很多是留學生、訪問學者等，一般能操流利的日語，對日本文化的造詣也不算淺。然而，跟他們聊天，卻不能不發覺，他們對日本生活的細節其實並不熟悉。比方說，他沒吃過日本家庭夏天便餐之首選：冷索麵；比方說，她沒看過日本女人穿上和服時如何修飾身材，又如何把長長的下襬掖起來。也不奇怪，因爲生活本質上就屬於隱私，不會拿出來給人看的，何況是最簡單沒營養的午飯，美麗衣裳下用毛巾鼓起來的寒磣身材。除非能變成透明人，挨門逐戶地溜進當地人家去觀察私生活，否則很難眞正知道：在鎖上的門那邊，當地生活的眞面目到底是怎麼回事。

曾經從二十幾歲到三十幾歲的十多年，我住過北京、多倫多等幾個外國城市。每次搬到新地方，最大的困難總在於日常生活的細節上。比如說，在一九八四年的北京，該去哪裡買衛生紙？當年京城沒有超市、屈臣氏之類，國營藥房則專賣藥品和保險套而不賣無關緊要的雜貨。我問當地人：哪裡有賣衛生紙？大家都說：哪兒都有。可是，我在王府井大街上來回走了好幾趟，都找不到。最後，只好承認自己是傻瓜土包子外地人，請內行人帶我去買。你猜猜，人家到底帶我去了什麼地方？答案居然是：副食品店！過五年，我在幾千公里之外的多倫多面臨迷失危機：房間裡的燈泡壞了，該去哪裡買新的？於是問了當地人：哪裡有賣燈泡？大家都說：哪兒都有。然而，加拿大的電器行是賣電器品而不賣燈泡的。連鎖超市、藥品店也沒有的賣。天黑了屋子裡也黑，我的心情則更黑暗了。最後只好承認自己是傻瓜土包子新移民，請內行人帶我去買。你猜猜，人家到底帶我去什麼地方？答案很簡單：加拿大輪胎五金店。有過好幾次如此這般的親身經驗，當我聽到有個駐紐約的日本銀行家，在曼哈頓就是買不到院子裡灑水用的橡皮管子，於是趁赴日本開會之際，匆匆買了幾公尺管子裝在公事包裡飛越太平洋，都絕不笑日本男人英語差，生活能力差的。反之，由衷能理解他的苦楚。

俗話說：神宿在細節上。據說乃歐洲建築師所言。我很有同感：文化的精髓，事物的本質，往往就在於表面上看來不一定很重要的細節上。二〇一二年問世的《和新井一二三一起讀日文：你所不知道的日本名詞故事》一書，幸虧得到了讀者的支持而一再再版，估計是大家都同意這一點所致。受了鼓勵，我繼續寫了更多日本名詞背後的插曲、故事。希望讀者能通過這本書多理解一點日本的生活文化。乍看不一樣的風俗背後，有時存在著普遍的真理，乍看很像的習慣背後，有時卻藏著很不同的哲學。

一套語言猶如大海或說宇宙。說起來都很有趣，在中文大海裡航行了這麼多年以後，我最後發覺，其實本人最熟悉的是祖國日本的文化。一般不會特地討論的日常生活，用外文描寫起來，卻是神奇、傳奇故事的寶山。不可能僅僅日本文化如此，應該每個地方的生活文化均如此。我也真想聽一聽不同地方的名詞故事喲。

壹

年中行事

御年玉，鏡餅

おとしだま、かがみもち
otoshidama kagamimochi

「御年玉」原先指年底年初到人間各家來訪的「歲神（としがみ toshigami）」所宿的「鏡餅」即圓形年糕，過完年後分給大家吃的「御歲魂（おとしだま otoshidama）」，後人以金錢「御年玉」代替的。這麼看來，漢人文化中的壓歲錢和日本的「御年玉」，意義上的分歧還是相當大。

日本的傳統節日，很多都源自古代中國。比如說，端午節、盂蘭盆節、中秋節等等比比皆是。不過，久而久之，有些節日的過法，在漢人和日本人之間發生了不小區別。比如說，過年的規矩。漢人過年，傳統上門外貼春聯，室內貼年畫，除夕夜吃年夜飯，而後守歲，給小朋友發壓歲錢。在這些活動中，跟當代日本習俗相同的，似乎只有發給小朋友的壓歲錢了。

日本人將壓歲錢叫做「御年玉」。日語中「玉」字跟「魂」字諧音，「年」和「歲」又諧音。所以，有民俗學者說：「御年玉」原先指年底年初到人間各家來訪的「歲神」所宿的「鏡餅」即圓形年糕，過完年後分給大家吃的「御歲魂」，後人以金錢「御年玉」代替的。這麼看來，漢人文化中的壓歲錢和日本的「御年玉」，意義上的分歧還是相當大。畢竟，壓歲錢的原意在於「壓住邪祟」，因爲漢語裡「祟」字和「歲」字諧音，後世的人用同音漢字稱之爲壓歲錢的。

漢人說過年，日本人倒說迎歲，因爲漢人文化中的年本來是怪獸（年獸），反之日本文化中的歲是神明（歲神）。根據中國傳說：古時候，有形若獅子而獨角的怪獸叫年獸，會定時出現來傷害人畜。然而，有一年，牠遇上了穿著紅衣服燃竹竿取暖的人，聽到爆竹聲後給嚇跑了。這樣，人們知道了年獸的弱點。之後，大家都貼起紅色春聯，放鞭炮，成功地驅年後，互相說「恭喜」道賀了。可見，對漢人來說，過年的意義本質上在於避開厄運。

對日本人而言，過年的意義本質上就在於祈求好運。據日本傳說：「歲」本來是稻米的意思，「歲神」則是帶來稻米豐收的神明。所以，每到年底，日本人就把松枝竹竿結上房門外（門松、かどまつ kadomatsu），以示歡迎「歲神」降臨。在日本，「門松」是新年的標誌，於是把新年期間叫做「松內」，屋外的「門松」表示「歲神」正在作客。人眼看不見的「歲神」進屋後便宿在「鏡餅」裡。那是大小兩塊的圓形年糕重疊起來，並且用具有吉祥意義的橙子、昆布等乾貨裝飾好的供奉品。橙字的日語發音是「代代（だいだい daidai）」，昆布（こぶ kobu）又跟「喜（よろこぶ yorokobu）」字諧音，加起來便是「世世代代歡歡喜喜」的意思了。

跟漢人房門上通年都貼著春聯不同，日本人過完年，一月七日就把「門松」摘下，以示「歲神」

已離開了人間。然後，一月十一日要進行「鏡開（かがみびらき kagamibiraki）」儀式，乃把早變硬的年糕，用木槌打成小塊後，放在紅豆湯裡煮軟吃的。也就是說，新年期間「歲神」宿過的「鏡餅」，「歲神」走了之後，人們分著吃。民俗學者說：這一習俗，在傳統日本文化中的意義便是神人共食。「鏡開」的時候，不宜用刀子，也得避開用「切」「割」等不吉利的字母。

御雛様

おひなさま ohinasama

十一世紀初，最早問世的長篇小說《源氏物語》裡，就有主人翁光源氏在現神戶郊外的須磨海灘上放「雛人形（小偶人）」的情節。那「流雛」的習俗，大約公元十六世紀後半期，又變成了擺一套偶人祈求女兒健康成長的「雛祭」。

受古代「女房（にょうぼう nyoubou）」，即貴人女侍口語影響的當代日語，在很多詞的前後習慣性地套上「御／様」。例如：御天道様（おてんとうさま otentousama、太陽）、御月様（おつきさま otsukisama、月亮）、御星様（おほしさま ohoshisama、星星）、御爺様（おじいさま ojiisama、爺爺或外公）、御婆様（おばあさま obaasama、奶奶或外婆）、御父様（おとうさま otousama、爸爸）、御母様（おかあさま okaasama、媽媽）、御兄様（おにいさま oniisama、哥哥）、御姉様（おねえさま oneesama、姊姊）、御子様（おこさま okosama、小朋友）、御嬢様（おじょうさま ojousama、姑娘）、御客様（おきゃくさま okyakusama、賓客）等等。

「御」字和「様」字都表示尊敬，本是用來形容神仙、貴人才合適的。用來形容人類還勉強可行。可是，用來形容動物，就令人覺得不對頭。公元十七世紀末到十八世紀初，德川家第五代將軍綱吉愛護動物過了火，不僅發布「憐憫生類令」要抓虐待動物的人，而

且開設面積達一百公頃，相當於二十個東京巨蛋棒球場的「御犬屋敷（おいぬやしき oinuyashiki、狗窩）」養了八萬隻「御犬樣（おいぬさま oinusama、狗）」。如今成了日本御宅族聖地之一的東京中野區役所門邊，還有當年「御犬屋敷」舊址的紀念碑和御犬樣石像。

每年的三月三日，日本小女孩過「雛祭（ひなまつり hinamatsuri）」即女兒節或桃花節的時候，擺出來的一套小偶人就叫做「御雛樣」。這些偶人模仿著日本平安朝（公元八到十二世紀）天皇婚禮的模樣，用起「御」字「樣」字來，可說有憑有據。中國古代曾有三月三日上巳節到水邊去祓禊的習俗，後來發展成了以《蘭亭集序》聞名的流觴曲水。傳到日本以後，卻變成了往河裡放偶人以圖辟邪的「雛祭」。十一世紀初，最早問世的長篇小說《源氏物語》裡，就有主人翁光源氏在現神戶郊外的須磨海灘上放「雛人形（ひなにんぎょう hinaningyou、小偶人）」的情節。那「流雛（ながしびな nagashibina）」的習俗，大約公元十六世紀後半期，又變成了擺一套偶人祈求女兒健康成長的「雛祭」。

天皇、皇后、三官女、五樂師、左右兩大臣、三衛士，總共十五個小偶人，以及左近櫻、右近橘兩棵樹，再加上種種迷你嫁妝，統統擺在階梯上的樣子，很是可愛，喜氣洋洋。直到十九世紀以前，日本的習慣是左高右低，無論是現實中的天皇還是「雛人形」的天皇都坐在左邊的。明治維新以後，受了西方影響，天皇開始站皇后的右邊，「雛人形」的配置也改變了。然而，左右大臣和左近櫻、右近橘，就是因爲名稱上刻印著位置，不方便隨時代而換位置。

把很多很多「御」字「樣」字引入日語中的古代「女房」，乃是從平安朝到江戶時代，住進宮廷裡或貴人宅院裡，擔任了奶媽、家庭教師、祕書職務的女性們。「雛祭」偶人中的三官女，沒錯，就是她們了。「御雛樣」的名稱，果然名副其實呢。

節分、花見

{せつぶん、はなみ setsubun hanami}

雖然日本的許多文化傳統都來自中國，可是把人文和科學的精髓凝集為地圖上的一條線，在每天每晚的天氣預報裡宣布它之逐漸北上，恐怕是日本人獨特的心態都說不定了。

中國跟日本歷來是一衣帶水的國土，自漢朝起，各種文化現象從中國渡過黃海傳到日本來了。如今日本人以爲是本國傳統的種種節日，其實很多都來自中國。

日本大學的漢語教科書，經常在最後一課裡介紹中國的春節。這是因爲日本的公家年是四月一日開始，第二年的三月三十一日結束，各級學校也四月初開學，第二年的三月底結束的緣故。大學的課，大考之前的最後一次一般就在一月底時，恰好是中國春節的前夕。這時候給日本學生談談漢人的過年習俗，最合適不過了。

門外貼上紅色春聯、房子裡則貼胖娃娃抱魚的年畫、除夕夜全家人包餃子吃、午夜放鞭炮煙花等等，對日本年輕人來講都是完全新奇的外國風俗。於是當我說，其實明治維新以前，日本人也是這個時候過的年，他們就目瞪口呆。日本是明治五年（一八七二年）改用了陽曆，至今一百四十年，此間的掛曆上單單寫著來自西方的太陽曆日期，而不談太陰曆日期了。果然，現代的日本人根本不理解農曆日期和月亮盈虧的關係了。

舉個例子吧。日本至今有中秋賞月的習俗。每年秋天的某一日，電視新聞節目的主播都一定公布：今晚是中秋明月。非得公布不可，否則大家會錯過賞月的時機，因爲日本的掛曆上哪兒都沒寫著農曆日期，大家無法確定究竟哪一天是陰曆八月十五月亮圓的日子。中秋明月當天，日本人就從商店買來一盒粳米糰子積堆成金字塔形，也把芒草插在花瓶裡，然後安安靜靜地仰天欣賞美麗的月亮。他們不知道，漢人的中秋節有家人團圓的涵義，熱熱鬧鬧喜氣洋洋的。他們也不知道，月餅是專門在中秋節前後互相贈送大量消費的季節性風味。畢竟在日本，月餅基本上是東京新宿的中村屋麵包店一手製造在全國商店販賣的甜品，一年四季都賣紅豆沙和伍仁兩種，但從不賣其他種類如鹹蛋黃月餅。

看著明月，日本父母講給孩子：那裡有白兔，忙於搗「餅」（日式年糕）。顯然是嫦娥奔月的故事傳到日本以後，久而久之幾乎一切細節都被忘記，只留下了白兔影子的。連搗藥都變成了搗「餅」，估計因爲，雖然有關中藥的知識也多多少少傳到日本來了，但沒有那麼普及，於是日本老百姓誤解那臼裡有糯米，白兔則要搗成「餅」來吃的。

講回春節，早失去了陰曆年概念的日本人，倒是至今不忘立春。而立春前一天的「節分追儺

（せつぶんついな setsubuntsuina）」儀式，不知爲何，還跟情人節一樣流行。日本的「節分追儺」一定在陽曆二月三日晚上舉行。在全國各地的神社或家庭，大家抓炒熟的黃豆往外面撒，並喊出「鬼出外，福到內（おにはそと、ふくはうち oniwasoto fukuwauchi）」，然後每人吃跟年齡一樣數量的黃豆，以祈身體健康。日本的「鬼（おに oni）」跟中國的鬼不同，是一種頭上長著兩隻角的怪物，要麼是全身紅色的「赤鬼（あかおに akaoni）」，要麼是全身藍色的「青鬼（あおおに aooni）」，一般只穿著虎皮做的小褲，赤著上身，抓著鐵杖，係《桃太郎（ももたろう Momotarou）》《一寸法師（いっすんぼうし Issunboushi）》等傳統日本童話不可缺少的負面角色。有些幼兒園，由男老師戴著鬼面具扮起怪物來，使小朋友們害怕並當眾發誓從此一定做個好孩子，然後被他們撒豆而驅走。

這種儀式，中國好像沒有，屬於難得的日本國粹。但是，個中一些因素，仍然可以追溯到古老的中國文化去。例如，向鬼撒豆，跟中國人爲了辟邪在農曆歲末吃臘八粥的習慣有共同的地方。日本的超市和便利商店，到了一月底就擺出很多袋炒黃豆以及鬼面具來，以便老百姓繼續發揚這一國粹。另外，來自大阪等關西地區的「惠方卷（えほうまき ehoumaki）」這幾年也在東京等地方慢慢流行起來了。那是種海苔卷粗大壽司，在調味米飯中間放着魚糕、炒雞蛋、煮青菜等好多種食品的，每個有十多公分長。在二月三日傍晚一人拿著一個，向著該年「惠方」即吉祥的方向，不發一語地一口氣吃完，據說會一年裡都萬事如意的。「惠方卷」在東京也流行起來，恐怕跟它勉強可以當作一頓飯，替各家主婦免除一點家務有關。

「節分追儺」十一天後的情人節乃是發源於西方，一九六〇、七〇年代由日本瑪利巧克力公司推廣到全國各地去的混血節日。至於下一個純日本大節慶，則得等到四月初的「花見」，即賞櫻宴會了。

公園裡、路邊種的櫻花一開，大家就在樹下的地面上鋪開蓆子，一邊聊天一邊吃喝一邊賞花，高高興興玩到夜裡。日本人集體在外頭吃喝玩樂的傳統活動，一年裡只有這時候的賞櫻以及秋天小學的運動會。其他花兒開了也不會有一樣的活動，非得是櫻花不可的，可說是國粹之中的國粹。不過，由我看來，這也似乎受著中國清明節的影響：中國的寒食相當於日本的「花見弁当（はなみべんとう hanamibentou）」；踏青跟賞花有回到大自然間去體會一下天人合一之感覺的共同點。

有些日本人爲了看櫻花結伴去遠足，甚至乘車到外地去旅遊。果然那一段時間的天氣預報，每天都宣布：明天哪裡的櫻花會初綻。從日本南部的九州，經過京都、東京，直到北海道，因爲緯度和氣溫之不同，開花的日期前後會相差一到兩個月。地圖上連接了開花地點的一條線，天氣預報員用氣團的比喻稱爲「桜前線（さくらぜんせん sakurazensen、櫻花鋒面）」。雖然日本的許多文化傳統都來自中國，可是把人文和科學的精髓凝集爲地圖上的一條線，在每天每晚的天氣預報裡宣布它之逐漸北上，恐怕是日本人獨特的心態都說不定了。

櫻祭

さくらまつり sakuramatsuri

畢竟「櫻祭」跟其他的活動如「梅祭」「藤祭」「菊祭」等，在日本人心目中的重要性不同。一年裡只有「櫻祭」之際，人們在樹下鋪開蓆子，邊賞花邊跟親朋好友聊天，盡情享受一頓野餐。

「祭」字的原意是祭祀、祭奠。傳到日本以後，卻擴大成一切節日活動的意思了。除了「夏祭（なつまつり natsumatsuri）」「秋祭（あきまつり akimatsuri）」等能追溯到農業社會信仰的廟會、賽會以外，各級學校的文藝活動也叫做「文化祭（ぶんかさい bunkasai）」「體育祭（たいいくさい taiikusai）」「學園祭（がくえんさい gakuensai）」，社區或商業組織舉辦的季節性活動，亦稱為「梅祭（うめまつり umematsuri）」「櫻祭（さくらまつり sakuramatsuri）」「紫陽花祭（あじさいまつり ajisaimatsuri）」「藤祭（ふじまつり fujimatsuri）」「菊祭（きくまつり kikumatsuri）」等，而都不具有祭祀的意思。

記得有一年東京櫻花開得特別早。三月中旬我參加兒子的初中畢業典禮時，學校操場周圍種的許多櫻樹上，雪片般的櫻花已經正盛開著。每年春天各地舉行的「櫻祭」都定在四月初的，櫻花提前綻放起來，難免令人尷尬。畢竟「櫻祭」跟其他的活動如「梅祭」

「藤祭」「菊祭」等，在日本人心目中的重要性不同。一年裡只有「櫻祭」之際，人們在樹下鋪開蓆子，邊賞花邊跟親朋好友聊天，盡情享受一頓野餐。

冬天剛過去，春天要來的日子裡，大家出外享受野餐，好像是世界很多地方都有的傳統習俗。漢族人過清明節，春遊寒食是其中之一吧。有一年春天去義大利翡冷翠，我也得知當地人過完復活節後，第二天就要舉家郊遊吃野餐的。

中國的清明節是春分以後的第十五天。西方的復活節，則在春分後第一個圓月之後的星期天。兩者的日子相當接近。有趣的是翡冷翠的復活節，最重要的節目竟然是由兩頭牛拉到市中心大教堂廣場來的大彩車上，早設置的極大量爆竹和煙花，花半個鐘頭一一燃放，也就是當地人所說的牛車爆發。震耳欲聾的聲音，令眼睛迷濛的濃煙，都令我聯想到中國的春節了。

對天主教徒、基督教徒來說，復活節是一年裡最重要的節日之一。不過，歷史學家則說，初春過節的歷史其實比耶穌基督其人還古老。看看義大利甜品店家家都出售的雞蛋型巧克力種類之多，以及所散發的歡樂氣氛，連異教徒遊客都能直覺地理解，自古人們衷心等待春天到來的心情。我問了老翡冷翠人，第二天去郊遊野餐到底要吃什麼東西，答案果然是當場燒烤的一隻全羊！相比之下，日本人逢「櫻祭」吃的「花見便當」，雖然可說精緻美麗，但是就分量而言，只能說在兒戲之列了。

黃金週

ゴールデンウィーク
goruden'uiiku

黃金週、盂蘭盆節、元旦是日本的三大假期。不過，盂蘭盆節和元旦是傳統節日，多數人得回老家看父母、掃墓去。也就是說，雖然公司和學校都放假，但是家庭任務仍束縛著不少人。只有黃金週沒有傳統的家庭包袱，盡情享受也不必虧心。

日本的黃金週在四月底到五月初。四月二十九日（昭和日）、五月三日（憲法紀念日）、五月四日（綠色日）、五月五日（兒童日）共有四個節日，再加上前後的週末，就能放大約一個星期的長假了。

黃金週的名稱，最初是一九五一年，當時的大映電影公司一名董事，為了吸引民眾在假日中多來看電影而發明的廣告文句。後來從電影界傳播到廣大社會去，至今六十多年，不僅成了日本的新傳統，而且還被中國借用了。

黃金週、盂蘭盆節、元旦是日本的三大假期。不過，盂蘭盆節和元旦是傳統節日，多數人得回老家看父母、掃墓去。也就是說，雖然公司和學校都放假，但是家庭任務仍束縛著不少人。只有黃金週沒有傳統的家庭包袱，盡情享受也不必虧心。再說，盂蘭盆節在酷熱的八月，元旦又在酷冷的一月，只有黃金週氣候宜人，乃去旅行的好季節。當然，人人要去旅行的黃金週，鐵路擁擠、公路堵塞，去國外的旅行團費用又臨時漲價，令人飽嘗做日本人的無奈。不過，從另一個角度來看，大家都出門後，東京的鐵路、公路都一下子自動解決老擁擠、老堵塞的常年毛病，連空氣都比平時乾淨，天空的顏色更是透明的藍色了。所以呢，不出遠門也罷。去東京郊區如多摩川，讓孩子們戲水，大人則燒烤喝啤酒，也算是很好的休閒節目。或者去附近的小鎮看看有當地特色的廟會也好。

日本人逢黃金週舉行的民間活動可不少。比方說，動漫明星蠟筆小新的居住地埼玉縣春日部市，就每年都有眾人協力放大風箏的「大凧上祭（おおたこあげまつり ootakoagematsuri）」。東京塔則要掛起跟其高度三百三十三米一樣數目的三百三十三條「鯉幟（こいのぼり koinobori）」即鯉魚旗。五月五日兒童日的前身是端午節，爲了祝福孩子健康成長，日本人有掛鯉魚旗的習俗，乃顯然源自中國古代鯉魚跳龍門之故事的。

我家人則這幾年的黃金週都參加東京都府中市大國魂神社暗闇祭的節目之一「山車（だし dashi、彩車）巡行」，是屬於府中市二十五個社區的二十五輛彩車，於五月四日傍晚集合在神社大門，在車上舞台表演「祭囃子（まつりばやし matsuribayashi）」即娛樂神仙的鼓笛音樂和假面舞蹈。這類社區活動完全屬於民間，資金和人力都得全靠志願者。我家雖然不在府中市，但是爲了幫助那邊的志願者朋友，還是穿上「囃子」衣裳參加活動去，算是提供人力，不亦樂乎。

紫陽花

（あじさい ajisai）

每年三月三日桃花節的時候，日本很多家庭都做「手鞠壽司（てまりずし temarizushi）」，乃用白色的鯛魚片，橙色的鮭魚片等來包醋飯糰而成的。

快下梅雨時，「紫陽花（あじさい ajisai）」的季節來了。「紫陽花」是繡球花，在日本花兒呈紫色的占多數，形狀又像太陽，於是叫做「紫陽花」，可以說順理成章。

不過，一得知它的中文名稱是繡球花，馬上就覺得這個名稱也很美而且特別合適。只是，日本人不把繡球稱爲繡球，倒叫它「手鞠（てまり temari）」的，乃古代漢語詞遠在東瀛保留下來的一個例子。日本動漫《火影忍者》中，有個女忍者叫做手鞠，就是繡球的意思了。

中國的繡球、日本的「手鞠」，傳統上都是女孩子的玩具。日本甚至有一首童歌叫做《鞠と殿様（まりととのさま maritotonosama、鞠與諸侯）》，是著名詩人西條八十，一九二九年發表於兒童雜誌《孩子國》上，至今八十多年仍然膾炙人口的。歌詞道：

手手手鞠手手鞠，手手手鞠手岔路，從哪兒到哪兒彈出去，彈過籬笆過屋頂，彈到外邊馬路去；外邊正有長行列，紀州諸侯要回家，手鞠彈到轎上去，您好大人請關照，讓我看看您老家；手手手鞠被大人，抱著旅遊到紀州，陽光充滿好地方，盛產蜜柑紅蜜柑，手鞠成了紅蜜柑。

我們小時候，經常唱著這首歌拍著球，也邊拍邊使球通過了高舉的大腿下。當時不知道，其實由大人聽來，這首歌有色情的涵義：「手鞠」顯然被比作女孩子，她是給諸侯看上而弄到手的。總之，昭和時代的孩子們拍的是塑膠皮的球，而不是繡球。精緻手工完成的「手鞠」，爸爸去外地出差的時候買回來，之後一直掛在牆上當室內裝飾品，我連想都沒想過把它拿到外面去玩。反正它的彈性不高，拍起來恐怕沒有塑膠皮的球那麼好玩吧。

每年三月三日桃花節的時候，日本很多家庭都做「手鞠壽司（てまりずし temarizushi）」，乃用白色的鯛魚片，橙色的鮭魚片等來包醋飯糰而成的。做的時候，把一張魚片和適量米飯放在保鮮膜上，然後用手指撮起保鮮膜的末端來，在飯糰下方擰一擰，使之成爲球形，最後打開保鮮膜即可。這樣子，即使是烹調手藝不高的家庭主婦也可以做出幾人份的可愛壽司來。由於是給女兒過節吃的節日食品，似「手鞠」的形狀和顏色加倍散發吉利的氛圍。

兒子上了高中以後，我天天給他做便當。最受歡迎的是壽司便當，乃用不易壞的煙燻鮭魚片，做了十來粒「手鞠壽司」，跟幾個黃瓜海苔卷一起塞在便當盒裡，另外附上了小袋裝醬油和山葵的。吃的時候邊蘸醬料邊吃，會有點遊戲的味道。再說，看樣子也美麗，吃起來當然很可口。處於青春期的男兒不好伺候，但是連他都對「手鞠壽司」便當不能不喝彩，並問道：下次什麼時候再做給我？叫當媽媽的驕傲極了。

御中元

おちゅうげん ochuugen

五月中旬開始，日本各家百貨公司以及網路商場等，都開設「御中元」專屬櫃檯，讓顧客花時間訂購商品並安排好配送服務。

中元本來是上元、中元、下元，道教三元之一。農曆七月十五過中元節的習俗，該是古代從中國傳到日本來的。佛教則在同一天過盂蘭盆節。如今在日本各地，過盂蘭盆節，祭祀祖先的家庭還算不少。至於中元節，倒只留在夏天送人的禮簽上了。今天大多數日本人以爲「中元」是禮物的一種。

每年的七月一日到十五日，很多日本人都送禮物給長輩、上司、老師等，而稱之爲「御中元（おちゅうげん ochuugen）」。爲了避免到時候出現錯漏以致失禮惹麻煩，五月中旬開始，日本各家百貨公司以及網路商場等，都開設「御中元」專屬櫃檯，讓顧客花時間訂購商品並安排好配送服務。

「御中元」的費用一般在三千日圓至五千日圓之間，主要送各種食品，如應時水果、甜點、海產加工品、熟肉、乾麵、調味料、啤酒、清酒、葡萄酒、冷飲、茶葉等。送「御中元」的意義在於對平時的照料表達謝意，因此形式頗爲重要，非得用印有百貨公司或名牌店名的紙張包好，然後附上表示吉利的乾鮑魚圖案禮簽（のし、熨斗 noshi），上面用毛筆寫「御中元」三個字以及贈送人的姓名。傳統上，應該用紅白兩色的禮繩（みずひき、水引 mizuhiki）把禮物繫好。如今一般卻以包裝紙上印刷的紅白蝴蝶結來代替。

我小時候的一九六〇、七〇年代，「御中元」比現在流行很多。父母親每年都給親戚長輩、顧客、房東、醫生等送了上百個禮物，也收到了幾十個禮物。送來的啤酒是大人喝的，乳酸飲料則是小孩子喝的，若有果凍、水羊羹等甜品的話，就大家都高興了。後來，日本社會颳起反對行賄、廢除虛禮的風潮。不僅政府機關，而且各級學校、醫院等都不允許工作人員接受禮物了。

如今，我只給婆家和娘家送「御中元」。送的是十年如一日的冷凍烤鰻魚。本來就不算是家常便飯的鰻魚，這些年由於產量減少價錢高漲，成爲不折不扣的奢侈品了。日本人相信吃鰻魚能進補，所以老人家收到了一定會高興。傳統上，「御中元」是從下到上單向贈送的禮物。可是，現在，婆家和娘家都送來回禮。如此一來，「御中元」與其說像中國中秋節的月餅，倒不如說像西方人於聖誕節在家庭成員之間交換的禮物了。

日本人互相送禮的時機，除了夏天的「御中元」以外，還有十二月的「御歳暮（おせいぼ oseibo）」。這回禮簽上要寫「御歳暮」三個字。其他規矩則跟「御中元」差不多。

花火大會

はなびたいかい
hanabitaikai

在日本眾多的花火大會中，最有名，也擁有最長久歷史的是東京隅田川兩國橋的花火大會。據史料記載，十八世紀初的東京，即當時的江戶城，鬧霍亂，死了不少人。

對日本人來說，煙火跟西瓜、風鈴、游泳池一樣屬於夏天的風景詩。所以，聽說外國人在聖誕節、新年、復活節時放煙火，難免覺得很奇怪。從七月下旬到八月中旬，日本各地總共舉行超過一千次「花火大會（はなびたいかい hanabitaikai）」，吸引許多觀眾遊客。尤其對十幾歲的女學生而言，暑假裡穿上「浴衣（ゆかた yukata、棉布和服）」跟男朋友一起去看煙火，算是最浪漫的夏天回憶了。在日本人的印象中，煙火是國粹文化的一部分，雖然史實上，煙火最初從中國傳過來，十六世紀中葡萄牙人把槍和火藥介紹給日本人以後，方開始普及的。

在日本眾多的花火大會中，最有名，也擁有最長久歷史的是東京隅田川兩國橋的花火大會。據史料記載，十八世紀初的東京，即當時的江戶城，鬧霍亂，死了不少人。於是一七三二年七月，德川幕府第八代將軍吉宗，爲了悼念死難者，在市內最大的河流隅田川邊舉辦了「川施餓鬼（かわせがき kawasegaki）」法會，即超度眾生。第二年七月，也在為祭奠和辟邪而舉行的水神法會裡，第一次放的煙火，從此成了例行活動，並且很快就發展為江戶市民極力支持的納涼節目。

在著名浮世繪畫家歌川廣重從一八五六年到五八年製作的《名所江戶百景》裡，也有張《兩國花火》圖，讓後人知道江戶人是如何享受花火大會的。跨越隅田川，連接武藏國和下總國的兩國橋附近，當年是許多攤販、街頭藝人吸引行人的鬧區。看廣重作品，花火大會當晚，不僅在橋梁上站著很多觀眾，而且水面上浮著不少畫舫，載著邊吃喝邊欣賞煙火的富貴遊客。如今，每年的隅田川花火大會吸引大約一百萬觀眾，也由東京電視台向全國直播大會現況。附近的高層酒店、餐廳，以及新開張的東京晴空塔等，均以特別價錢推出觀覽座。歷史可追溯到江戶時代的畫舫，至今也都載著富貴遊客起航。票價包括自助晚餐和酒水的費用是三萬兩千日圓一張，跟看一場歐洲歌劇團演出差不多。

從十八世紀初到二十世紀中，隅田川花火大會的正式名稱是「兩國開川」，乃在夏天到來，大家開始在河中划船、游泳玩耍以前，先祭奠水神，以期平安無事的儀式。同樣的「開川」「開海」活動，至今在日本各地都有，只是很少有人記得這些儀式的來由和目的了。東日本大地震的受災地宮城縣石卷市，七月三十一、八月一日兩天舉行「開川祭」，節目表上除了花火大會以外還有放水燈悼念震災死難者的活動。顯而易見，悲劇拉近了祖先和當代人的距離。

猛暑

{もうしょ mousho}

我平生第一次體驗熱得睡不著覺的晚上，是在廣州中山大學留學的日子裡。一九八〇年代的廣州，有電風扇就算了不起，反正還經常停電的，裝上空調不合時代環境。

這些年，日本夏天越來越熱。進入七月以後，東京的氣溫天天超過三十五度，也就是日本氣象廳所謂的「猛暑（もうしょ mousho）」日了。以前所說的「酷暑（こくしょ kokusho）」，二〇〇七年起改名爲「猛暑」，被列入了同一年的「十大流行語」。改名的原因，無非是近年來全球氣溫大幅度上升，頻頻出現叫人受不了的高溫日，爲了表達出這難堪的心情來，大家覺得需要造個新名詞，因此選了猛烈、猛獸、猛進的猛字說成「猛暑」，可說符合大家的感受。

一九六〇、七〇年代，東京夏天的氣溫，曾經最高也才到攝氏三十度左右。所以，當年的日本氣象廳，把最高氣溫超過了二十五度的日子叫做「夏日（なつび natsubi）」，超過了三十度的則叫做「眞夏日（まなつび manatsubi）」的。白天熱得難受，就吃西瓜、冰棒、刨冰、冷麥（ひやむぎ hiyamugi）（從冰水裡撈起來蘸醬吃的冷麵條），或者喝麥茶、「可爾必思（カルピス karupisu、乳酸飲料）」忍受一下，好在天黑以後，氣溫會漸漸降下來，從窗戶吹進來的風，令人覺得很舒服。當時的東京，夏季晚間的氣溫一般低於二十度，若高於二十度以上，氣象廳就特地警告民眾說：今晚會是「眞夏夜（まなつや manatsuya）」。家裡裝上空調以前，碰上了「眞夏夜」就要開著窗戶睡，而那年代的日本房子也沒有紗窗，所以一定需要蚊帳和蚊香。

我平生第一次體驗熱得睡不著覺的晚上，是在廣州中山大學留學的日子裡。一九八〇年代的廣州，有電風扇就算了不起，反正還經常停電的，裝上空調不合時代環境。在中大西門外，深夜都有賣西瓜的攤子，我都買一塊來吃，止渴是止渴，卻一點也不涼，反之連西瓜都熱得要冒熱氣似的。

一九九〇年代回到東京，我發現，七、八月的天氣預報警告的不再是「眞夏夜」，而是整夜氣溫高於二十五度以上的「熱帶夜（ねったいや nettaiya）」了。從前屬於溫帶的日本，難道不知不覺之間南移，漂到亞熱帶或熱帶去了？我完全不是開玩笑。這幾年，因爲東京夏天實在太熱，我都策畫到哪裡去避暑了。經調查發現，位於赤道的馬來西亞婆羅洲，夏天晚間的氣溫居然低於東京。在熱帶雨林區，天天傍晚下的驟雨起了冷卻地面的作用。然而，大城市東京，倒沒有那樣的天然冷卻裝置，結果午夜的水泥地面仍放射著白天吸收的熱氣。

有一年八月，我就到婆羅洲避暑去了。最後一天的下午，從亞庇機場起飛時的外面氣溫爲三十度；往北飛行五個小時，晚上十點鐘抵達了東京成田，從機場大樓走出來，看到外面的溫度表，果然是三十三度！

第九 {だいく daiku}

「第九」在日本的歷史，可追溯到第一次世界大戰剛結束後的一九一八年六月一日。那年日本派士兵去中國青島跟駐留的德軍交火，把四千多名俘虜帶到日本來了。其中一千名在四國德島的板東收容所關到一九二〇年簽署凡爾賽條約為止。

說到「第九（だいく daiku）」，日本人都會想到貝多芬的D小調第九交響曲來，並且還哼起第四樂章的主題合唱曲〈歡樂頌〉。對不少日本人來說，這是他們能用德語原文唱的唯一一首歌。

每年的十二月分，日本各地舉行「第九」演奏會的總次數遠遠超過一百次。其中有職業交響樂團以及學生樂團、市民樂團等業餘管弦樂團的演出。不僅如此，由三得利公司贊助，從一九八三年起，每年十二月都一定在大阪舉行的「一萬人的第九」等多數市民參加合唱的群眾性演出也不少。那些合唱團的團員往往是沒受過音樂訓練的普通民眾，為了年底在大禮堂舉行的音樂會上演唱，大約半年前開始，每週末去參加練習，到了表演時候就送請帖給所有親朋好友，自己則穿上禮服實現多年來的夢想。

雖然〈歡樂頌〉在世界各國都膾炙人口，歐洲聯盟甚至採用它為「歐洲之歌」，但是

「第九」演奏會竟成為歲末風景詩，似乎是日本獨特的現象。

「第九」在日本的歷史，可追溯到第一次世界大戰剛結束後的一九一八年六月一日。那年日本派士兵去中國青島跟駐留的德軍交火，把四千多名俘虜帶到日本來了。其中一千名在四國德島的板東收容所關到一九二〇年簽署凡爾賽條約為止。當時的日軍收容所對西方俘虜的待遇還不太差，允許他們組織文化活動或從事經濟活動。就是在那收容所裡，德國俘虜自己組織的交響樂團以及八十人的合唱團，在日本歷史上頭一次全程演奏了貝多芬D小調第九交響曲的。俘虜樂團的演奏會頗受歡迎，兩個月後應邀舉行了重演。戰後，大部分德國阿兵哥踏上回國路了，但也有約一百七十人決定留在日本，其中一個水兵當上了大阪外國語大學教授，其他人則紛紛從商。他們開張的甜點店如Juchheim，或熟肉店如Lohmeyer，直到今天都在日本營業，被視為當地西方食品業界的老字號。

至於「第九」，收容所裡的演奏會成了開端後，再過七年，東京音樂學校（現東京藝術大學音樂系）的師生交響樂團在德國指揮的指導下，舉行了第一次的「國產」演奏會。職業樂團的公開演出，則以新交響樂團（現NHK交響樂團）於一九二七年，即貝多芬去世一百週年的音樂會為濫觴。第二次世界大戰結束後的一九四七年十二月，日本交響樂團舉行連續三次的演奏會而每次都客滿，從此「年底的第九」漸漸成了慣例活動，主要因為觀眾的反應特別強烈，同時也讓樂團方面賺錢，以便給團員發年終獎金。

日本經濟復興後的一九六〇年代，在各地的業餘合唱團之間流行起「第九」第四樂章的〈歡樂頌〉來了，乃最初由德國戰爭俘虜傳播的西方古典音樂，花半世紀時間，終於普及到日本民間。如前述，一九八三年起三得利公司持續贊助大阪的一萬人合唱演出。一九八五年二月，東京墨田區的民間「第九合唱團」則應德國海德堡大學之邀，參加該校創立六百週年典禮，並在日本人石丸寬的指揮下，跟海德堡交響樂團和德國巴哈協會合唱團一起演出了「第九」。從日本赴德的有一百八十五名，其中年紀最大的團員是八十五歲的老先生，另外也包括三名穿著豔麗和服的藝妓，引起當地人好奇連連。

一九九八年二月日本長野縣舉行的冬季奧運會開幕典禮上，由四季音樂劇團的淺利慶太當藝術指導，透過衛星直播連接起當地禮堂和分布於五大洲的北京、柏林、開普敦、紐約、雪梨各城市來，在小澤征爾的指揮下，演出了世界公民異口同唱的「第九」〈歡樂頌〉。

如今，年底參加「第九」合唱的日本人超過二十萬人，可說是東瀛奇景吧。其他季節也常有演出。比如說，各級學校均開學的四月，我兒子就讀的高中就舉行每年例行的「第九演奏會」。禮堂舞台上，在請來的職業交響樂團和四個專業歌手後邊，站滿該校二年級和三年級同學中選修音樂的四百人，花一個多小時全章演出貝多芬作曲的D小調第九交響曲。年輕學生們在音樂老師的指導下背好德語歌詞，在一年級學生和老師家長面前有條不紊地齊聲合唱〈歡樂頌〉以示歡迎新生。演出完畢後，全場響起的掌聲久久都不停息。在雷鳴般的掌聲裡回顧這首音樂過去一百年在日本的歷史，也使人感慨萬分。

忘年會

{ぼうねんかい bounenkai}

日本「忘年會」沒有宗教色彩，也沒有特定的儀式程序，跟慶祝基督誕生的西洋聖誕節，或者原本祭祀土地公的台灣尾牙都不同。說得沒錯。只是，「忘年會」這個名稱，好像表現出日本人面對過去、面對歷史的態度了。

每到陽曆年底，日本到處有人舉辦「忘年會（ぼうねんかい bounenkai）」。如果「忘年會」場地一位難求，會是經濟景氣好所致，成爲歲暮令眾人快樂的好消息。

「忘年會」是年底辦的宴會。平時常見面的同事啦、朋友啦，年底的某一晚約在餐館、居酒屋，一起吃喝玩樂，不一定回顧過去的一年，也不一定展望要來的新年。即使活動內容跟平時的宴會沒有任何區別，只要大家稱之爲「忘年會」，就是「忘年會」了。凡是日本人，都期待參加「忘年會」。雖然不是次數越多越好，但是如果連一個都輪不到的話，則一定會覺得很寂寞，猶如自己沒有所屬的圈子。何況，每年到了這個季節，日本電視上忽然有很多胃腸藥的廣告，勸觀眾參加「忘年會」之前先吃一包，以預防喝多了酒作嘔。

日本「忘年會」的起源，似乎追溯到中世紀貴人開的詠歌會。到了近世江戶時代，普及到平民階級來了。當時以《好色一代男》《好色五人女》等故事書風靡一時的井原西鶴，就在作品裡談到過老百姓的「忘年會」。

有外國研究者指出：日本「忘年會」沒有宗教色彩，也沒有特定的儀式程序，跟慶祝基督誕生的西洋聖誕節，或者原本祭祀土地公的台灣尾牙都不同。說得沒錯。只是，「忘年會」這個名稱，好像表現出日本人面對過去、面對歷史的態度了。每到年底，大家就要透過共同吃喝狂歡一晚來忘記快要過去的一年裡發生過的種種事情，包括好的、壞的、光榮的、丟臉的。所謂「付諸流水」日文裡的意義等同於「一筆勾銷」。

日本人向來在狹小的國土上密集住著過日子，除非定期集體地忘卻以往的怨恨，整個社會都永遠得不到平安。所以，把難忘的事情都盡量忘記，迎接新年之際，對自己的記憶媒體進行初始化，成爲了日本民族的處世之道。就因爲如此，參加「忘年會」一般是平時常見面的人，而不像春節般家人團聚，或者像校友會般老同學團聚。老面孔在一起，方能勾銷過去的一切。在這一點上，忘年等於洗淨記憶。不必說，你我大家都忘記了，才算數。

直到最近，日本家庭都會在過年前準備一套新的內衣、睡衣等，爲了能夠在元旦穿上新衣服來重新做人。如今整個社會都富起來，隨時都能買新衣服了，因而沒有了元旦穿新衣服的習慣。反之，歲末拚命忘年的習俗倒越來越熱烈。

貳

和食詞典

御雜煮
おぞうに ozouni

因為「餅」字在中文裡和日文裡的意思不同，我在日本大學教中文的時候，往往鬧起笑話來。

日文裡「餅（もち mochi）」這個字不指麵餅而指年糕，也就是台灣所說的「麻糬」。日本人作「餅」的方法跟年糕的作法又不同，乃把蒸熟的糯米放在臼裡用杵舂製的。結果加倍黏糊糊的「餅」，必須趁熱分成小塊，抹上了白糖黃豆粉、紅豆沙、蘿蔔泥、納豆，或者蘸了醬油後用海苔捲起來，趕緊吃。否則這種「餅」一冷就變硬，只好要麼火烤要麼水煮，重新弄軟吃了。近年，在日本年輕人之間也頗流行用微波爐把「餅」加熱弄軟以後，倒醬油和奶油吃的「奶油醬油味（バターしょうゆあじ batashoyuaji）」，或者乾脆把起司片先放在「餅」塊上加熱，做成日式披薩。

我一直以爲「餅」是日本特有的食物。不料，原來是大錯特錯。翻看著中國出版的《三聯生活週刊》年貨特輯，我看到，有貴州土家族婦女跟日本人一樣用杵舂著熟糯米製造「糌粑」的照片。人家不僅做「餅」而且過年時候吃，果然習俗跟日本人完全一樣。

因爲「餅」字在中文裡和日文裡的意思不同，我在日本大學教中文的時候，往往鬧起笑話來。譬如，描寫北京烤鴨吃法的文章說：把薄「餅」抹上甜麵醬，加上蔥絲、黃瓜條、烤鴨片，捲起來就可以吃了。但是，日本學生想不通：怎麼可能在熱騰騰、黏糊糊的「餅」上抹了甜麵醬，放了菜和肉以後，還像海苔卷壽司一般捲起來呢？難道不熱？不黏在手上？

日本人元旦吃「餅」的習俗，可追溯到公元九世紀平安時代的歷史。直到二十世紀末，日本家庭還守著年初三天不煮飯的規矩，能吃的主食就只有去年底準備好的「餅」了。於是元旦把「餅」放入雜燴湯裡做「御雜煮（おぞうに ozouni）」開始，抹上黃豆粉弄成「安倍川餅（あべかわもち abekawamochi）」，或用海苔卷做「磯邊卷（いそべまき isobemaki）」，或塗滿蘿蔔泥做「卸餅（おろしもち oroshimochi）」，把花樣換來換去，曾確實吃了連續三天三夜的正月「餅」。

至於元旦吃的「御雜煮」，不同的地方有不同的食譜。東京人把切成方塊的「餅」放入用醬油調味後加了雞肉塊和青菜的熱湯裡，京都人則把圓形的「餅」放入用白味噌調味後加了芋頭塊和胡蘿蔔片的熱湯裡等。聽說，還有些地區在「御雜煮」裡投入含糖紅豆沙的「餡餅（あんもち anmochi）」。

從前的社會人口流動性低，各個地方都保持獨特的風俗，大家也不知道其他地方的人到底吃什麼樣的「御雜煮」。所以，剛結婚不久的夫婦，往往在婚後第一次的元旦，爲了要吃什麼味道的「御雜煮」而吵起來，結果鬧得很不愉快。畢竟在年初嘛，每人都想吃家鄉味的年飯，而大家都認爲「御雜煮」是自己家鄉的好吃。我們夫妻，老公來自關西，我則來自東京。爲了和平共處，早已訂下了規定：每年的元旦早晨吃關西味道白味噌「御雜煮」，中午則吃東京味道的醬油味「御雜煮」，也爲此準備天圓地方兩種「餅」，而絕對不准說哪種更好吃。只要雙方稍微妥協，新年還是能過得和平圓滿。

御節料理

{おせちりょうり osechiryouri}

傳統「御節料理」不再吃香的又一個因素，是富裕的現代人不習慣吃剩菜。從前的人在年初的三天重複地吃「重箱」裡的菜餚而不覺得有任何問題。如今可不同，大家想要吃得好和吃得飽以外，還想要吃得有變化有驚喜。

日本人在新年期間吃的「御節料理」，按規矩，是要在去年事先準備好，並裝在多層方形漆器「重箱（じゅうばこ juubako）」中的。至於「重箱」裡要裝什麼樣的菜餚，則因地而異。

我小時候在東京，母親做的「御節料理」主要是把冬菇、芋頭、蓮藕、蒟蒻、昆布卷等素菜紅燒而製的。另外就是甜味「黑豆（くろまめ kuromame）」、把酸章魚染紅的「酢蛸（すだこ sudako）」、紅白兩色外皮的「蒲鉾（かまぼこ kamaboko）」魚糕、「伊達卷（だてまき datemaki）」魚漿雞蛋卷等等。所以，結婚以後去婆家拜年，第一次吃到關西風味「御節料理」，其豪華和豐富叫我刮目相看。「八幡卷（やわたまき yawatamaki）」是把牛蒡條用神戶牛肉片捲起來紅燒的。「數子（かずのこ kazunoko）」即是黃色悅目吃起來又清脆的鯡魚子，「栗金團（くりきんとん kurikinton）」是看似金幣的栗子拌番薯泥。至於「田作（たづくり tazukuri）」是

代表肥沃農地的拔絲小沙丁魚。公公叫「生鮨（きずし kizushi）」的是醋醃鯖魚，一個一個都非常精緻好吃。

無論是東京式的還是關西式的，凡是年飯都有在材料名稱或形狀裡寄託美好願望，要討口彩的意思。譬如：黑豆代表勤勞到曬黑，蓮藕代表前景良好，鯡魚子代表子孫興旺等。這一點跟廣東人過年吃蠔豉髮菜、竹報平安等是同一個道理。

這些年頭，一方面日本家庭的平均人口直線減少，另一方面如今的小孩子們也不大愛吃傳統日本菜，結果曾經都是各家主婦花幾天親手做的「御節料理」，越來越多人覺得買來吃現成的就算了。於是每年到了初冬，各家百貨商店、郵購食品公司等都敲鑼打鼓，大力宣傳，開始接受「御節料理」的預約。現成的盒裝年飯，一套的價錢從幾千日圓到幾萬日圓不等，菜餚種類也有二十幾種到三十幾種不同。再說，爲了迎合現代人口味，有些商家都推出西式或中式的「御節料理」。西式的包括煙燻鮭魚、烘烤豬肉片、海鮮沙拉等。中式的則包括東坡肉、棒棒雞、乾燒明蝦、涼拌海蜇等。總之，「御節料理」的營業額反映出這一年的經濟景氣如何。

傳統「御節料理」不再吃香的又一個因素，是富裕的現代人不習慣吃剩菜。從前的人在年初的三天重複地吃「重箱」裡的菜餚而不覺得有任何問題。如今可不同，大家想要吃得好和吃得飽以外，還想要吃得有變化、有驚喜。果然，我最近聽到一個母親竟說道：「御節料理」麼，買來給孩子們看就是了，算是上一堂傳統飲食文化課吧！

烏賊素麵

いかそうめん
ikasoumen

切絲的生烏賊，看起來確實像剛煮好的麵線。放在長方形盤子上，由白色蘿蔔絲、綠色紫蘇絲、葡萄色蘘荷片陪伴，美極了。佐料一般用山葵醬油或者薑泥醬油，不過正如之前寫的，蘸著烏賊肝醬吃，無疑是最好的吃法了。

每週一、兩次，我都會去逛魚店。若看到有應時的魚上市，一般就買下來做料理。跟蔬菜水果一樣，魚也是應時的好吃而便宜。但是，如果收穫量不多的話，售價則要貴了。某年秋天的日本魚店，雖然有秋鮭子、秋刀魚上了市，可是量還不是很多，價錢相當貴，使人猶豫該不該買。遇到如此的情況，我往往就買北海道產魷魚，帶回家弄成烏賊素麵吃。

所謂北魷，在日本海域通年都能捕撈，售價比較穩定，果然在日本是消費量最多的魚種了。一條大魷魚的零售額，在東京魚店約是一百七十日圓，可當作一人份的晚餐主菜和副菜，以及日後做天麩羅時的備用材料，算合理。

回到了家中廚房，要邊洗淨邊處理魷魚。先把手放進魷魚的「裙子」裡面去，抓住了牠十根腳一口氣全拿出來。這時要小心別把內臟團撕破了，因爲魷魚的肝臟很大很好吃，可做成副菜吃的：把去掉了墨水袋的內臟團醃在鹽酒中，臨開飯之前用鋁箔紙包起來，倒幾滴醬油，在烤箱裡加熱十分鐘後上桌。這樣烤好的烏賊肝，單獨吃是很好的下酒、下飯菜，跟烏賊素麵一起吃，更是比得上法國鵝肝醬的頂級海味了。

主菜烏賊素麵，實際上跟麵條沾不上邊，而是看樣子像手拉素麵，既白又細的生烏賊絲。我是高中三年級的夏天，去北海道函館市旅遊，在當地名字就叫「函館烏賊素麵」的餐館裡，才第一次吃到這種北海道風味。日本人做刺身即生魚片，歷來依魚種用不同的刀法。但是，我之前在東京吃過的魷魚刺身，似乎都是約五毫米寬的條狀，北海道式則不同，是切成一到兩毫米的絲狀，口感既黏又柔，好吃得很。

要在家裡做的話，就先拿掉烏賊的腳部，再去除軀幹裡的軟骨，並撕開三角形頭部。頭部可以洗乾淨後跟腳部一起放入密封袋，保存在冷凍庫裡，等到做天麩羅時再拿出來用。案板上的烏賊軀幹，先切開一邊，用乾淨的布剝掉皮，在烏賊表面淺淺地切斜格花刀，這樣吃的時候容易咬斷。最後，把烏賊軀幹切成上下兩半，從一端起切成絲狀即可。

切絲的生烏賊，看起來確實像剛煮好的麵線。放在長方形盤子上，由白色蘿蔔絲、綠色紫蘇絲、葡萄色蘘荷片陪伴，美極了。佐料一般用山葵醬油或者薑泥醬油，不過正如之前寫的，蘸著烏賊肝醬吃，無疑是最好的吃法了。若遇到新鮮魷魚，你不妨也試一試。

秋刀魚皿

さんまざら
sanmazara

世界著名的日本導演小津安二郎，生前最後一部作品叫《秋刀魚之味》。其實影片裡並沒有出現秋刀魚，片名倒指著家常便飯。

十月底去了一趟鮮魚店，本來要買秋刀魚做刺身吃的。不料，只賣合適於鹽燒的，而不賣合適於生吃的，再說標價上寫著：今年最後一批貨。我頓時發呆：怎麼？只吃了一次鹽燒的，秋刀魚季節就這樣過去了？

二〇一三年十月，日本的氣溫是歷史上最高，有幾次超過了三十度，連海水溫度都比常年高了兩到四度。結果，每到秋天就要從北太平洋南下到日本來的秋刀魚，遲遲不肯過來，導致魚獲量甚少，價格就偏高了。有一、兩次，我在鮮魚店看到了高價秋刀魚，自言自語道：還不算應時吧，再等一會兒，量多價低了，再買來吃都來得及。十月下旬，我終於看到了大量秋刀魚，可是跟往年比較，不僅有點兒小，而且有點兒貴。最後，還是買下了一人一條當晚餐主菜，因爲對日本人來說，不吃秋刀魚就不算秋天到來了。

記得曾在加拿大多倫多居住的日子裡，每年秋天，我都被邀請到一個日本朋友家去吃鹽燒秋刀魚。人家是娶了加拿大太太落地生根的移民，平時過著西化的日子。然而，秋風一颳，就坐立不安起來，非吃秋刀魚不可的。於是特地採購一箱冷凍秋刀魚，並請幾個日本朋友，在自己家後院裡，燒起木炭烤秋刀魚，要配上白米飯和日本傳統的發酵食品納豆一起吃個痛快。現在回想，他是秋刀魚的名產地岩手縣出生的，果然對這種魚的感情非同一般。

世界著名的日本導演小津安二郎，生前最後一部作品叫《秋刀魚之味》。其實影片裡並沒有出現秋刀魚，片名倒指著家常便飯。他另一部作品《早安》裡，卻有個鏡頭是小兄弟抗議母親天天叫他們吃秋刀魚的。應時的秋刀魚會很肥，烤起來會大冒黑煙，所以從前的日本人往往把炭爐帶到家門外去烤，結果滿街都是烤魚的味道了。可見，我那朋友是要在異鄉重現小時候的生活小景。

如今日本家庭用的煤氣爐，爲安全起見，一律裝備著高溫感應器，把鐵絲網放在爐子上烤魚，每幾分鐘就自動調小火勢，否則搞不好黑煙還會引起天花板上的警報器啓動。爲了避免麻煩，大家用爐子下面的小烤箱，只是非得把秋刀魚切成兩半，才能納入於烤箱裡。吃魚麼，本來是一人吃一條有頭有尾的才過癮。當然，即使是切成兩半的，吃過總比沒吃過強，尤其在秋刀魚的季節沒有眞正到來就走的年分。

雖說刺身是傳統日本菜，但是我小時候，並不是什麼魚都可以生吃的。鮪魚歷來是刺身皇帝，烏賊則是刺身皇后。一紅一白，在盤子上擺在一起就喜氣洋洋了。另外，蚶子、扇貝等貝類，以及竹莢魚、沙丁魚等在東京灣釣上的小魚也做成刺身吃。可是，如今流行於全世界的鮭魚刺身，從前在日本，只有北海道人吃半解凍的，因爲害怕淡水魚有寄生蟲。我在加拿大的壽司店第一次嚐到用生鮭魚、牛油果、蛋黃醬做的加州卷時，最初還是會戰戰兢兢的。另外，每年秋天從鄂霍次克海南下到日本海域的秋刀魚，東京人也曾專門加熱後來吃。

我第一次吃到秋刀魚刺身是在東北第一大城仙台當新聞記者的時候。魯迅先生曾留學的仙台，離東京只有三百多公里。可是一九八〇年代，冷藏技術和宅配服務都沒有現在發達，在仙台能吃到的多種海鮮，在東京是吃不到的。東京人有首都人的驕傲，深信全日本最好的東西都在東京，但那是大錯特錯。其實，許多小地方都有到了當地才能享受的美味。我從故鄉東京搬去仙台工作，印象很深刻的就是當地鮮魚店的模樣。門口掛著古早味布簾，在店內玻璃櫃裡擺著乾乾淨淨的魚肉，一點都沒有腥味，好比是西洋蛋糕店什麼的。那裡有賣銀色發亮如貴金屬的新鮮秋刀魚，眞是美極了，彷彿還活著一樣。再說，老闆娘還告訴我：做刺身生吃最可口。

生吃鮪魚等大魚和竹莢魚、秋刀魚等小魚，規矩不一樣。小魚是一定要趁新鮮才能夠生吃，因而遠離了產地就吃不到的。後來，我出國漂泊共十年，一九九七年回日本的時候，東京鮮魚店已經有賣合適於生吃的秋刀魚了。魚的產地並沒有變化，照舊是日本東北的太平洋岸上。那麼，變化的應該是冷藏技術和運輸方法。只要能夠保持跟剛剛釣上時一樣的新鮮狀態，東京魚店賣的秋刀魚也可以做刺身吃了。

吃大魚，只好買來魚店早已切好的魚塊，畢竟黑鮪魚的長度會超過三公尺，重量則會超過四百公斤。相比之下，秋刀魚的平均長度三十五公分，重量才一百二十克而已。爲四口子的晚餐買來四條，在家裡的廚房切掉頭尾，除掉內臟和骨頭，最後剝掉了皮以後，切成一片又一片。在長方形盤子上擺放好了，再用生蘿蔔絲、紫蘇葉、山葵泥、生薑泥等佐料陪伴，秋季日本的美味秋刀魚刺身就可以隆重上桌了。

日本有種陶瓷盤子叫做秋刀魚皿，是專門用來盛頭尾俱全的鹽燒秋刀魚的。凡是秋刀魚皿，形狀一定是長方形，拿尺一量，尺寸有十一公分寬、二十九公分長。

用來盛魚的盤子，似乎印有跟大海相關圖案的才順理成章。我家用的秋刀魚皿，其中一種就印有所謂的「青海波」花紋，乃由三重扇形的無限反覆來表現出海浪景色。從中國唐代傳到日本來的一種雅樂舞蹈叫做「青海波」。在世界最古老的長篇小說《源氏物語》裡，主人翁光源氏就跳這種舞蹈給天皇看，而他穿上的衣裳是有海浪圖案的，因此後世的人把那圖案稱爲「青海波」了。有人說，「青海波」的名稱跟中國青海省有關，也有人說，其實這種圖案源自波斯裡海地區。總之，從中國西域傳到日本來的，至今還有點異國情調。

我家的另一種秋刀魚皿，則有「蛸唐草」花紋。那是在中國，從元代到清代曾流行的蔓草紋變形而來的。蔓草外邊畫了簡化的葉子圖案，結果看似「蛸」即章魚腿上的吸盤。早在公元十四世紀就傳到了日本，至今七百年來一直深受歡迎。

日本盤碟和中國以及西方盤碟之間的區別，首先是日本餐具沒有成套的概念。西方人結婚時購買的一套餐具，有大中小的碟子、湯碗、茶杯等等，都印有同一個花樣，一般是一打爲一套的。反之，日本人用餐時，擺在桌子上的陶器碟子、盤子等等，個個都是不同的花樣。再說，湯碗則一定用上漆木製碗。至於飯碗和筷子，則每個家庭成員都有屬於自己一個人的；即使是兩個一套出售的夫妻飯碗，也是一個大一個小，永遠得不到一致。並且餐具商推出的碟子、盤子等，一般以五個爲一套，弄壞了一個都無法再補充。結果，日本家庭的飯桌上出現的盤碟，一年比一年亂七八糟，令人好羨慕西方人飯桌上的統一感。

日本盤碟和中國以及西方盤碟之間的區別，其次是日本人愛用多種不同形狀的餐具。比方說，正方形、長方形、橢圓形、扇形、木葉形、半月形、葫蘆形等等。習慣上，先在廚房裡把每種菜餚分盛在每人的盤子後再上桌，結果一個人吃一頓家常便飯用的盤碟加起來會有五六種之多。爲了把密密麻麻多種餐具有效地放在有限的空間裡，最好多用方形碟子。比方說，頭尾俱全長達三十五公分的秋刀魚，如果放在直徑三十五公分的圓形盤子上，所占面積是九百六十二平方公分。但是用起二十九公分長、十一公分寬的秋刀魚皿，只需要三百一十九平方公分，連圓形的三分之一都不到。你看多合理！

柬埔寨、南京豆

｛かぼちゃ、なんきんまめ kabocha nankinmame｝

日本人叫做「南京豆」的花生米，也是原產於南美，十五世紀末以後才傳播到歐洲、非洲去。雖然中國古代的文書裡也出現過花生米一詞，學界認為跟現在廣泛流通的種類不一樣。

日文裡，把南瓜跟中文的一樣寫成南瓜，卻叫它為「柬埔寨（かぼちゃ kabocha）」，因為最初公元十六世紀中，是葡萄牙人從柬埔寨把南瓜籽帶到日本來的。不過，南瓜的原產地並不是柬埔寨而是美洲。跟日本人稱為「雅加薯（じゃがいも jagaimo）」的馬鈴薯一樣，被哥倫布帶回歐洲去了以後，在短短半個世紀裡，經過非洲、印度、東南亞，最後傳到日本，該說速度滿快的。

日本人叫做「南京豆（なんきんまめ nankinmame）」的花生米，也是原產於南美，十五世紀末以後才傳播到歐洲、非洲去。雖然中國古代的文書裡也出現過花生米一詞，學界認為跟現在廣泛流通的種類不一樣。到了明末清初，中國沿海地區才開始種植原產於南美的品種。日本歷史上第一位農學家貝原益軒，在一七〇九年刊行的《大和本草》一書裡，提起落花生而寫道：長崎多種之。顯而易見，出入長崎港的中國商船帶到日本來，因此東瀛人才稱之爲「南京豆」的。

一九八四年夏天，我平生第一次去台北旅行。既是一個人旅遊，又當年還不大懂中文，在外頭遛達也沒多少意思，傍晚便早早回飯店房間打開了電視機。記得正在播映的節目叫做《六點看台視》，乃一種遊戲節目，是參加者分兩隊合力猜想謎底的。但是，跟一般的猜謎不同，電視台方面事先去鬧區對廣大台灣群眾進行了民意調查，節目參加者要猜的是調查結果。我至今對那晚看的內容印象很深刻：一來，當年日本有完全一樣形式的節目叫做《問了一百人》，而我在大學一年級的時候，跟姥姥、母親、妹妹、弟弟一起上過那節目的；二來，那天出的題目之一完全出人意料，竟是：花生米有哪些吃法？

在日本，花生米的吃法基本上只有一種：把烤熟的當零食吃。但是在《六點看台視》裡，要猜民意調查結果的頭九名。我眞沒想到花生米的吃法會有那麼多。台灣民眾回答出來的答案眞是五花八門：花生油、花生湯、花生糖、花生醬、水煮花生、油炸花生、涼拌花生、宮保雞丁等等。日本人歷來把花生米叫做「南京豆」，果然名不虛傳，在中菜裡，料理花生的花樣居然有這麼多！

菖蒲湯、柚子湯
（しょうぶゆ shoubuyu、ゆずゆ yuzuyu）

> 日本人把七夕當作向星星許願的日子；看著中秋明月則吃形狀像圓月的米粉糰和芋頭，可不知道中秋節是該吃月餅才對的。

最近看中國報紙的專欄才得知，中國民間從前有端午節煮菖蒲水洗澡的習俗。在東瀛，同樣的習俗也持續到今日。

在當代日本，端午節是法定假日「子供日（こどものひ kodomonohi）」即兒童節，於陽曆五月五日慶祝。望子成龍的父母親，在房子裡擺放「武者人形（むしゃにんぎょう mushaningyou）」即武士偶人，在屋子外則掛起「鯉幟（こいのぼり koinobori）」即鯉魚旗，吃食用「柏（かしわ kashiwa）」樹即槲樹葉包好的帶餡兒年糕「柏餅（かしわもち kashiwamochi）」。到了五月五日晚上，把菖蒲葉扔進浴池裡讓寶貝洗澡以期辟邪。如今越來越少的公共浴池，也於每年的五月五日，以裝滿大浴池的「菖蒲湯（しょうぶゆ shoubuyu）」免費招待十二歲以下的小朋友們。

日本的民間習俗，有不少傳自中國，例如七夕、中秋賞月等。只是相隔著一衣帶水，個中的理念以及具體的程序都難免發生變化。日本人把七夕當作向星星許願的日子；看著中秋明月則吃形狀像圓月的米粉糰和芋頭，可不知道中秋節是該吃月餅才對的。

那麼，日本人過冬至吃南瓜、洗柚子浴的習俗呢？根據中國報紙的專欄，宋朝人過冬至是吃餃子的。我上網路查看，中國似乎向來也沒有冬至吃南瓜、洗柚子浴的習慣。日本人把南瓜叫做「柬埔寨（かぼちゃ kabocha）」，因爲最初是由十六世紀中老遠來到日本的耶穌會傳教士們，從柬埔寨帶來了南瓜籽。日本人冬至吃「柬埔寨」即南瓜的習俗，也不可能追溯到更早以前去。

傳統的日本菜，料理南瓜的方法只有兩種：要麼切成小塊清煮後加糖加醬油，或者裹以麵糊油炸成天麩羅。冬至的日期是陽曆十二月二十二日左右，當晚吃了南瓜以後，就要洗「柚子湯（ゆずゆ yuzuyu）」了。日本產的柚子大小跟高爾夫球差不多，顏色則是比檸檬稍濃的黃色，把幾顆扔進浴池裡，使之浮在水面上，顯得很好看而且散發出芬芳的香味來。再說，柑橘類麼，該有像陳皮的藥效。日本人相信：冬至吃了南瓜，洗了柚子浴，就整個冬天都不會得感冒。

寫到這兒，我才想起，從前在香港吃過一次蝦子柚皮，而從皮兒厚度推想，柚子也不可能跟日本的一樣小，該跟保齡球差不多了。據詞典所示，日文的柚子是中文的香橙。可是網路上看圖片，中國香橙的皮兒呈橙色，而不是日本柚子那樣的黃色。日本人冬至洗柚子浴，並不是讓保齡球大的柚子輕飄飄地漂浮在水面上的。日本柚子很小，果實酸澀，因此專門把表皮和果汁當香料用的。

年越蕎麥

{としこしそば toshikoshisoba}

如今，除夕夜要吃蕎麥麵條，多的是途徑。乾麵普及了不在話下，超市、便利商店也都全年出售蕎麥麵。不過，講究一點的人還是想要在一年裡的最後一天，享用專門店現做現賣的新鮮麵條。

日本於明治維新以後的第六年，即公元一八七三年起改用了陽曆。如今幾乎全不用農曆，連新年都按照陽曆慶祝了。此間所謂的「御節料理（おせちりょうり osechiryouri）」即年飯，也要在元旦吃。除夕夜則吃蕎麥麵條，日本人稱之爲「年越蕎麥（としこしそば toshikoshisoba）」。

吃「年越蕎麥」的習俗，開始於十八世紀的江戶時代。至於起源和意義，有人說就像漢人過生日吃長壽麵一樣祈求長壽的。也有人說，恰恰相反，蕎麥麵的特質是韌性低、容易斷，除夕夜吃蕎麥麵的意思不外是希望把去年的厄運在此切斷，以便迎接全新的一年。

兩種解釋聽起來都有道理。只是，日本也另有個習俗叫做「引越蕎麥（ひっこしそば hikkoshisoba）」，乃搬進新屋的時候，把蕎麥麵送給左鄰右舍當見面禮的。日語中「蕎麥」跟「側」是諧音，「側」又是旁邊的意思，所以送蕎麥麵即意味著：來您旁邊住了，以後請長久關照。「引越蕎麥」的歷史也可追溯到十八世紀。當年日本的乾麵還沒有普及，但是送生麵或熟麵都容易壞掉，於是不知哪裡的聰明人發明了一種「蕎麥券」，收禮的人什麼時候拿到商家去，都能夠交換成麵條來吃。

如今，除夕夜要吃蕎麥麵條，多的是途徑。乾麵普及了不在話下，超市、便利商店也都全年出售蕎麥麵。不過，講究一點的人還是想要在一年裡的最後一天，享用專門店現做現賣的新鮮麵條。東京著名的蕎麥麵館，如日本橋的室町砂場、麻布十番的更科堀井、淺草的藪蕎麥等，都在當天上午就開始有人在外面排隊。各家麵館這一天的銷售量果然非同一般，猶如母親節的康乃馨。譬如，神田須田町的松屋，雖說是只有六十個座位的小店，每年的十二月三十一日竟能出售八千份蕎麥麵呢。

至於「年越蕎麥」的吃法，可說因地制宜。日本海邊的福井縣以蘿蔔泥冷麵聞名，除夕夜也照樣吃的。太平洋邊的茨城縣人則愛吃雜燴湯，過年都吃雜燴湯蕎麥麵。以高品質牛肉聞名的神戶人做牛肉湯麵吃。讚岐烏龍的故鄉四國香川縣人吃什錦湯烏龍麵。沖繩人則說，當地的「年越蕎麥」當然一定要吃沖繩麵，即類似於日式拉麵的鹼水麵條，根本不含蕎麥粉的。

我們東京人一般都蘸著融入了點山葵的醬汁吃冷麵條。從小在每年的除夕夜，都看電視上的《唱片大賞》和《紅白歌合戰》兩個節目，直到元旦差一刻零點。當眾歌星向觀眾揮著手合聲唱完蘇格蘭民謠〈友誼地久天長〉改編的〈螢之光〉時，屏幕上便出現從日本全國各地的名刹直播的拜年場面。

這時母親從廚房端來蕎麥冷麵，大家吃著要迎接新的一年了。

參

紅白男女

丙午

ひのえうま
hinoeuma

假如女兒生在丙午年，就很難嫁出去而必定成為家庭負擔。於是，大家盡量迴避六十年一次的丙午年生的孩子。明治維新以後，日本進行了各方面的近代化，可是有關丙午的迷信仍舊持續著。

根據美國中央情報局出版的《世界概況》，二〇一二年日本的生育率，即每一千人中新生兒占的比率是七・三九，是全世界二二一個國家當中的第二二〇名。相比之下，在多年施行計畫生育的中國，該年的生育率是一二・三一，比日本高出約七成。至於台灣，則是比日本強一點的八・六一。

日本媒體開始廣泛報導「少子化」問題是一九八九年的事情。那一年，日本的綜合生育率，即每個婦女終生平均生育的子女數額，減少到了空前低的一・五七，媒體從此稱之爲歷史性的「一・五七震撼」了。實際上，第二次世界大戰結束以後，日本的生育率是一向低落的：一九四七年的大約四，到了六〇年代就減少爲勉強能保持人口規模的二左右。可是，一九八九年的數字給全體社會帶來的衝擊特別大，正因爲那年的生育率一・五七竟比一九六六丙午年的數字一・五八還低了一個百分點。

外人也許覺得奇怪，丙午年生育率有什麼了不起？這其實跟日本一則迷信有關。從江戶時代初的十七世紀起，日本人迷信丙午年出生的婦女有剋夫命。尤其一六八三年有個江戶城蔬菜商的女兒八百屋阿七，與在火災之夜於避難所相識的住持伺童吉三郎熱戀，爲了再見他一面竟然放火，被抓了遊街示眾後處於火刑了。當年的暢銷作家井原西鶴，馬上把阿七的故事寫在《好色五人女》一書裡出版，並說主角阿七生於一六六六丙午年，從此社會上對丙午年出生的女孩更加警惕了。

假如女兒生在丙午年，就很難嫁出去而必定成爲家庭負擔。於是，大家盡量迴避六十年一次的丙午年生的孩子。明治維新以後，日本進行了各方面的近代化，可是有關丙午的迷信仍舊持續著，一九〇六丙午年的出生數比前後年分約少了百分之四，相信部分父母等到下一年才登記孩子的出生。無賴派作家坂口安吾正生在那一年，本名就取爲跟丙午諧音的炳五，他在一篇文章裡寫道：從小常聽親戚說「幸虧你生爲男孩」。文豪夏目漱石在一九〇七年發表的小說《虞美人草》裡，塑造了個心性不良的女性角色藤尾，並寫道：她生於丙午年。

二十世紀後半期，有關避孕的知識和技術普及，結果一九六六丙午年的出生率竟比早一年少百分之二十五，成了史上最低記錄。也就是說，雖然日本的綜合出生率從一九七〇年代起，連年低於維持人口所必要的二，但是廣大社會和媒體眞正理解到事情的嚴重性，竟然是自然生育率低於丙午年的時候。

八百屋阿七

やおやおしち
yaoyaoshichi

因戀情發狂，阿七居然在自家房子放火，為的是再次跟戀人見面。但是可憐的少女卻被抓去遊街後處於火刑。事後三年，當時在大阪走紅的作家井原西鶴把阿七的故事寫在《好色五人女》一書裡問世。

日本沒有相當於中國《西遊記》《水滸傳》《紅樓夢》等男女老少都通曉的傳奇文學。勉強能跟《三國演義》相比的，則有關於十六世紀戰國時代名武士織田信長、豐臣秀吉、德川家康等人互相爭霸的歷史故事。

幾乎每年歲末都在電視上播映的《忠臣藏》，乃十八世紀初，所謂的赤穗浪士或四十七士，給冤枉自盡的主人淺野內匠頭，報仇成功後集體切腹的眞實事件改編而成。事件發生的第二年，就有劇作家寫成傀儡戲上演而頗受歡迎，直到今天都經常在歌舞伎舞台、電影銀幕、電視屏幕上看得到。二〇一三年竟被好萊塢看上，翻拍爲基努．李維主演的立體史詩動作片《浪人47》了。主角淺野內匠頭、仇人吉良上野介等人名，可說在日本膾炙人口；但《忠臣藏》畢竟是武士爲主人的名譽報仇自盡的血腥故事，而且登場人物本來清一色是男性。在《浪人47》裡柴崎幸演的淺野美嘉、菊地凜子演的水月兩個女性角色均屬虛構，無法跟幽默痛快的《西遊記》、浪漫傷感的《紅樓夢》同日而語。

在如此這般的文化環境裡，八百屋阿七的傳說可謂大放異彩。她是一六六六年出生的江戶城八百屋即蔬菜商女兒。十六歲那年，她家在一場大火中燒毀，跟父母避難去附近寺院暫居，在那裡她跟住持伺童相愛，搬回家後也念念不忘。因戀情發狂，阿七居然在自家房子放火，爲的是再次跟戀人見面。但是可憐的少女卻被抓去遊街後處於火刑。

事後三年，當時在大阪走紅的作家井原西鶴把阿七的故事寫在《好色五人女》一書裡問世。從此以後，一個又一個劇作家把她的故事改編成傀儡戲或歌舞伎演出。尤其是她穿著俗稱「振袖」的長袖絲綢和服，以在燃燒中的江戶城爲背景，跑上火警瞭望樓拚命打警鐘的橋段，簡直成了日本人心目中代表處女熱戀的畫面。日本傳統的說書落語，也有幾個節目是根據阿七傳說的。近代以後，更給拍成了七部電影和八套電視劇，包括二〇一三年原AKB48前田敦子主演的《八百屋阿七異聞》。卡通片作品也有二〇一三年大友克洋拍攝的《火要鎭》。

最合我口味的是流行歌手坂本冬美一九九四年發表的《夜櫻阿七》。新一代的和歌女詩人林阿眞理（一九六三年生）塡的歌詞和坂本穿著「振袖」歌唱的樣子，把之前三百多年之久專門從男性角度敘述的故事改編爲充滿女性主義味道，同時非常感性的新時代作品。好！

心中
しんじゅう
shinjyuu

如今日本的情侶們似乎沒有了殉情的必要，電視上的八卦新聞節目報導的，很多都是「母子心中」「一家心中」等疾病、貧困引發的家庭悲劇了。

近松門左衛門（一六五三～一七二五年）是日本江戶時代最有名的人形淨琉璃（傀儡戲，今天稱文樂）、歌舞伎劇作家。他的作品至今經常在大阪的國立文樂劇場或者在東京的歌舞伎座、國立劇場上演。在近松留下的大約一百部劇本中，有以鄭成功爲主人翁的《國性（姓）爺合戰》等歷史故事，也有不少戀愛故事。當年的日本社會採取嚴格的士農工商身分制，男女結婚亦由「父母之命、媒妁之言」決定，幾乎不存在自由戀愛。結果，文藝作品中的情侶大多是妓女和嫖客。但是，社會上又不允許良民男子娶妓女爲妻，使得當年的戀愛故事，往往以殉情落幕。

近松的代表作《曾根崎心中》《心中天網島》等比比皆是殉情故事。標題中的「心中」兩字就指雙重自殺。從十七世紀初到十九世紀中的江戶時代，經常發生妓女跟嫖客殉情的事件，而每次發生此類案件，就馬上被劇作家寫成戲，搬到舞台上去演出，獲得了觀眾喝采。可見，過分嚴厲的社會體制歪曲人性，本來健康的老百姓都要去看殉情故事過癮一番了。

明治維新以後，身分制被取消，經過坎坷不平的道路，整體社會也逐漸民主化、自由化了。如今日本的情侶們似乎沒有了殉情的必要，電視上的八卦新聞節目報導的，很多都是「母子心中」「一家心中」等疾病、貧困引發的家庭悲劇了。

回想已過去的二十世紀，最轟動日本社會的「心中」事件大概是一九五七年的天城山心中，男主角是二十歲的大學生大久保武道，女主角則是清朝末代皇帝溥儀的姪女愛新覺羅慧生，享年僅十九歲。她母親嵯峨浩是日本天皇裕仁的堂妹，一九三七年嫁給溥儀的弟弟溥傑後，生了慧生、嫮生兩個女兒。慧生從小在日本上學，母親和妹妹戰後也從中國回到日本，父親溥傑卻長期被關在蘇聯和中國撫順的戰犯收容所裡。慧生上中學後學起中文，一九五三年寫信給中國總理周恩來，請求允許她和父親通信，幸好得到了許可。不料，一九五六年她上大學後，被姓大久保的男同學纏住不放，第二年十二月十日，在伊豆半島天城山用手槍雙雙了結性命。

事件發生後，被拍成了影片《天城心中，在天堂結合的戀》，引起了有如江戶時代近松悲劇一般的大反響。然而，近年來社會上對追蹤狂問題的認識加深。如今，很多人認爲天城山心中根本不是殉情事件，而是無辜少女被追蹤狂以愛情之名謀殺的「無理心中」了。

女子會

{じょしかい jyoshikai}

在傳統日本文化裡，溫柔安靜的才是好女人。所以，無論在親戚間還是在職場上，女性往往把要說的話都憋在肚子裡。女子會就給她們提供了想說什麼就說什麼的自由空間。

以前我住海外的日子裡，每次回日本上館子，都驚訝地發現：大多飯桌的客人，要麼是清一色的男客或者是清一色的女客，很少看見兩性混合的團隊。

若是男女老少齊全的餐會，幾乎一定是家族親戚團聚；如今日本的少子高齡化越來越嚴重，飯桌邊只留下了老男老女，有第二代陪伴已算了不起，要是有第三代在座，簡直比獲得了國家動章還值得顯擺似的。曾經也有老男和少婦的酒會，那是別有目的的男上司請女部下的；如今被視為標準的性騷擾案子，怕丟工作的上司們再也不敢冒險了。總而言之，歐美那般成人男女雙雙出來彼此交際的場面，在東瀛從不成氣候。

當年的清一色男客，其實大多是幾個男同事下班後結伴去喝酒的。清一色的女性結伴去吃喝，有是有，卻只限於年輕未婚的大學女生或職業女性圈子裡。後來局勢發生了大變化，有人說，跟美國製作的電視連續劇《慾望城市》的流行有關。總之，從二〇〇〇年代起，不分年齡和社會身分，幾個女性聚一聚就稱爲女子會，轉眼之間成了大氣候。最大的因素絕對是職業女性的增加；今天的日本成年女性，百分之七十都有工作，也就是說，有自己的錢花了。

最近一個晚上，我參加的女子會，乃當地普拉提體操班的同學們爲慶祝教練康復而聚一聚的。女教練芳齡四十多，不愧爲從前的環球小姐名古屋地區代表，身材外貌都仍然出類拔萃。至於學生，大多比教練年紀大：有家庭主婦也有職業女性，包括在當地開診所的皮膚科醫生和東京外國語大學的波斯語老師。星期六傍晚六點鐘，十個女性集合在附近一家義大利餐館。飯菜是主廚推薦的派對套餐：私房麵包、木瓜沙拉、番茄醬烤豬肉、栗子飯、披薩、辣椒橄欖油義大利麵、三種西點。分量夠多的，給年輕人吃的話定會高興吧，給姐姐們吃倒不見得。套餐也包括限類不限量的酒水：生啤酒、紅白葡萄酒、幾種雞尾酒。

關鍵還是在於隨心所欲地談天說地。在傳統日本文化裡，溫柔安靜的才是好女人。所以，無論在親戚間還是在職場上，女性往往把要說的話都憋在肚子裡。女子會就給她們提供了想說什麼就說什麼的自由空間。日語裡，女子一詞本來指女學生；這些年，用來指成年婦女，我當初很不習慣，覺得怪裡怪氣的。可是，參加了一、兩次女子會以後，深深體會到：我們需要的就是擺脫來自文化的種種拘束。女子會其實就是日本女人的解放區了。

惡妻

あくさい
akusai

是否由於丈夫是超級名人，外界看他們妻子的眼光特別嚴厲了？若是普通人的妻子就沒什麼了不起，嫁給了名人卻要被罵為「惡妻」了？

中文有「賢妻良母」的說法，到了日語裡便是「良妻賢母」了。日語也有「惡妻」的說法，翻成中文則是「壞老婆」「懶媳婦」了。世界歷史上最有名的「惡妻」，該是古希臘哲人蘇格拉底的太太贊西佩吧。據說，蘇格拉底曾勸年輕友人娶媳婦道：結婚吧，若娶到了好妻子，你會很幸福；若娶到了壞妻子，你會成爲跟我一樣的哲學家。

近代日本文壇上，兩個大文豪夏目漱石和森鷗外的太太，都被世人貶爲「惡妻」。森鷗外的第二任妻子，跟婆婆以及繼子的關係不融洽，使鷗外的老朋友們看不慣。他們紛紛寫信給當時一個人在外地工作的鷗外，打了她的小報告。至於夏目漱石的妻子，本是富家千金，婚後很不習慣早早起床爲丈夫做飯。漱石赴任九州熊本中學教書的時候，雖然她也一塊兒去了，卻鬧起神經衰弱來，一度跳進河裡要自殺，使漱石睡覺時非得用繩子把兩人手腕綁在一起不可。

是否由於丈夫是超級名人，外界看他們妻子的眼光特別嚴厲了？若是普通人的妻子就沒什麼了不起，嫁給了名人卻要被罵爲「惡妻」了？

二十世紀日本的女詩人牧羊子，本來是專攻化學的科學家，後來也成爲文學家，同時給小說家丈夫開高健每天做三頓飯，把自己練成個著名烹飪家，竟當上了電視烹飪節目的老師。她寫的《菜餚記》兼具科學家的準確和詩人的文筆，是我學做菜時的參考書之一。我還以爲，從哪個角度來看，她都稱得上是個賢妻良母加上女強人。然而，開高健五十九歲因食道癌去世以後，他老朋友們竟紛紛發表文章公開罵牧羊子爲「惡妻」了。

首先，他們說，就是她二十八歲做老處女的時候設計圈套，逼迫年僅二十一歲的開高健奉子結婚，使得他後來患上憂鬱症。爲了逃避她在生活各方面的支配，他們說，婚後的開高健只好以採訪的名義到越南戰場、巴西亞馬遜河等艱苦的環境去旅行，結果年紀輕輕就得了絕症。他們也揭發她說，在開高健的葬禮上，牧羊子猶如宣布勝利似的望著四周說道：他終於屬於我了。

看那些罵牧羊子爲「惡妻」的文章，不能不注意到：作者們對開高健的感情實在不淺，反之對他妻子卻是嫉妒至極的。就像森鷗外的老朋友們打了他後妻的小報告一樣，開高健的朋友們對他年長的妻子也非得公開辱罵不可似的。顯然，在所謂「惡妻」和丈夫的朋友們之間，有時就存在類似於三角關係的感情糾葛。即使不是同性戀，還是很有吃醋的味道。

㊫ まるこう marukou

日文俚語「㊫」是圓圈裡有個高字，乃高齡產婦的簡稱。從前的日本婦產科醫院，在三十五歲以上產婦的診療卡上，一律用紅墨水蓋上「㊫」印章，為的是提醒醫生、護士、助產士。

在現代日本，養大孩子有幾個關口：升學、就職、結婚等等。光是升學，至少有高中應考和大學應考這兩次。若要送子女去讀私立名門的話，那麼再多了初中和小學，甚至幼兒園的入學考試了。從前，只要大學畢業，就自動有工作。如今，卻沒那麼容易了。大學三年級的夏天開始，最初在網路上報名要做各企業的實習生。兩個星期的實習期完了的時候，如果彼此感覺不錯，那麼再進一步參加適應性考試以及跟幹部職員的面談。結果能順利得到聘請書的始終屬於少數，其他人則得從頭開始再玩就職雙六了。

我在大學的同事們，最年輕的S講師正在帶一歲和三歲的娃娃；他目前最關心的話題是托兒所和小兒科醫院，以及讓三歲姊姊上哪個智能開發班好。另一位M教授則有剛上了小學的男孩；他最關心的話題是孩子在小學的朋友關係，以及下課以後學鋼琴的老師該選誰。而我呢，兩個孩子是高一和小六；第一次的高中應考算成功了，誰料到妹妹就鬧起反抗期來，不讓母親心平氣和地過日子。還有一位T教授的兩個千金；大的正踏上了漫長的「就職活動」一條路；小的則高中畢業沒考上大學，只好在補習班待一年，而做父親的永遠想不通：爲什麼補習班的學費跟大學相比有過之而無不及？

由我們幾個人看來，年紀最大的K教授，簡直是養育孩子的金牌得主：兩個女兒都畢業於名門早稻田大學，兩個都有正規的工作，而且去年前後結婚了。我們經常請教他：到底有什麼祕訣？不料，那成功的父親其實正在面對最後一個關口：抱孫子。從前的父母，或者說沒有文化的父母，毫無忌諱地問結了婚的子女：有了沒有？可是，現在的父母，尤其是有修養的父母，即使對親生女兒都不敢侵犯個人隱私權，結果默默地忍受煎熬。K教授經常問我：妳是多少歲生的兒女？我說：是十足的「㊫」，三十六生的老大，三十九生的老二。

日文俚語「㊫」是圓圈裡有個高字，乃高齡產婦的簡稱。從前的日本婦產科醫院，在三十五歲以上產婦的診療卡上，一律用紅墨水蓋上「㊫」印章，爲的是提醒醫生、護士、助產士：這個產婦年紀大風險也大！後來，廣大社會上對個人隱私權的意識提高，醫院不再用「㊫」的橡皮印章了。可是，「㊫」一詞卻生存下來，因爲越來越多人三十五歲以後生孩子。K教授的千金，一個是三十五歲，一個是三十一歲，老父有足夠的理由乾著急。於是他要拿我這個老「㊫」的例子來安慰自己：還有時間，還來得及，先不用著急，千萬不要在女兒女婿面前說出不應該說的話而鬧得不愉快！

媽媽友

ママとも mamatomo

沒有工作的日本家庭主婦，尤其是帶著幼兒的年輕母親，活動範圍往往小之又小，早晨丈夫出去上班以後，晚上他回來之前，整天的時間都搞不好要單獨和小朋友兩個人消耗。結果，她們容易感到很孤獨，很孤立。

媽媽友不是把馬友友寫錯了。媽媽友是相對新的日本俚語，指透過彼此孩子認識的母親之間的朋友關係。暢銷作家桐野夏生，二〇一三年二月問世的小說《HAPPINESS》描繪的就是正帶著兩到三歲女兒的五個年輕母親的故事。她們是息吹媽媽、芽玖媽媽、美戀媽媽、美雨媽媽、花奈媽媽，都以小女兒的名字互相稱呼。

主角是花奈媽媽，她家住在東京灣邊高級公寓的二十九層。可那房子是每月付二十三萬日圓租賃的，而且在東西兩棟公寓中，是風景差些，價錢便宜些的東棟。相比之下，息吹媽媽、芽玖媽媽、美戀媽媽都住在風景超好，價錢亦昂貴的西棟裡買下的房子。單單美雨媽媽住在地鐵站附近的老公寓，而且丈夫是她父親開的連鎖壽司店裡工作的廚師。美雨媽媽所屬的階級，顯然比其他人低些，但是她長得漂亮，很會打扮，性格也開朗直率，因此吸引五個媽媽友的領袖息吹媽媽的丈夫。

五個媽媽們的女兒都還沒有上幼兒園。所以，幾乎每天，五對母女去附近的公園或者位於西棟的交誼廳，一起玩上幾個鐘頭。每天的計畫是息吹媽媽決定，並用手機簡訊通知其他四個人的。可見，媽媽友之間的關係，跟從前母親之間的關係，關鍵性的區別在於有無手機起的遙控作用。

沒有工作的日本家庭主婦，尤其是帶著幼兒的年輕母親，活動範圍往往小之又小，早晨丈夫出去上班以後，晚上他回來之前，整天的時間搞不好都要單獨和小朋友兩個人消耗。結果，她們容易感到很孤獨，很孤立，何況新蓋的灣邊公寓之居民，都是從別處剛搬來不久的，所以根本沒有朋友知己。就是因爲如此，好不容易加入的媽媽友圈子，對她們來說再重要不過，付多少代價都一定要保持住的。

只是跟任何封閉的圈子一樣，媽媽友之間都有地位的高低，乃由家庭背景、丈夫的收入等因素決定。住在西棟的三個媽媽動不動就排斥其他兩個人，是看不起租賃房子和老公寓居民所致。但是，她們倒相信，生活水準之不同自然會影響到未來幼兒園的選擇，彼此的人生道路也就非分歧不可。畢竟，領袖息吹媽媽自己畢業，也準備把女兒送去的名門青山學院幼稚園，是全日本眾多幼兒園當中學費最貴，家長平均收入最高的一所。

以書寫市井女性出名的小說家桐野夏生，這回解剖了東京上層階級母親們的日常生活，特別是她們逃不出的媽媽友圈子之運作，筆致照樣特別鋒利。

媽媽友忘年會

ママともぼうねんかい
mamatomobounenkai

每天的生活很是忙碌，總祈求老天爺讓小朋友快快成長以便自己能夠儘早重新獲得自由。誰料到，當他們真正成長起來，做母親的卻忽而發覺：原來，正要逝去的才是人生最美好的時光！

十二月中旬一個星期日晚上，我參加了媽媽友忘年會。四個與會者都是高一兒子男同學的母親，只是如今各自的兒子都上不同的學校了。九年以前，我們的兒子上了同一所小學，然後直到初中畢業爲止，不僅兒子們天天一起上課，而且他們的媽媽們都常有機會見面聊天，久而久之彼此相當熟了。

媽媽友跟普通朋友不同。因爲是透過孩子認識的，最初互相稱對方爲誰誰媽媽，後來很長時間都不知道彼此的名字叫什麼，更不知道生育以前曾在哪裡做過什麼。有趣的是，跟好酒一樣，人際關係也隨著時間逐漸成熟。大家慢慢會瞭解每個人的性格、價值觀念、孩子的教育方針等。這樣花時間培養起來的朋友關係，若是因爲孩子們初中畢業而一併結束，則太可惜了。於是十一月分，我們彼此聯絡，決定年底舉行一次忘年會。幸虧現在孩子們的年齡夠大了，叫他們跟父親一起看家也沒什麼大不了的了。哪像以往，做媽媽的鼓起勇氣出來唱卡拉OK，卻在耳邊有娃娃哭泣喊媽媽的幻聽不絕，令人無法痛快淋漓，最後還是覺得不如早回家確認小朋友其實在被褥裡睡得很香。

九年前，寶貝兒子們才六歲，他們的媽媽都年輕有力。今天，小朋友成長爲大朋友，身高早超過了母親不用說，又不知不覺之間超過了父親。仔細看一下他們的臉，曾經細膩如玉的皮膚，如今是滿臉的青春痘了，顯然荷爾蒙分泌過剩，果然有的已交上了女朋友，叫母親擔心不已。至於曾一度年輕的媽媽們，則一個一個地進入更年期。還好，先進入的能把有用的消息傳給後進入的，例如：不兼產科的婦科醫院在哪裡，荷爾蒙補充療法有哪種、要多少錢等。

不過，媽媽們最想談談的，其實是心中瀰漫的寂寞、空虛感。從前孩子幼小的時候，每天的生活很是忙碌，總祈求老天爺讓小朋友快快成長以便自己能夠儘早重新獲得自由。誰料到，當他們眞正成長起來，做母親的卻忽而發覺：原來，正要逝去的才是人生最美好的時光！因而突然深刻後悔：孩子還小的時候，自己爲什麼沒有好好沉浸於帶大寶貝的幸福中呢？曾經那麼滑潤的皮膚，那麼胖嘟嘟的手掌、腿肚子，那麼甜蜜的笑容，那麼宜人的聲音，全都一去就不回了。這感覺有點像失戀，但又不完全像。失戀是情人背叛所致，孩子成長卻是再正當不過的事情，本來就應該好好慶賀才對。做母親的並沒有理由埋怨的，只是想念曾那麼可愛的小寶貝而已。

歲暮的一晚，四個媽媽友吃喝聊天，三四個鐘頭無意間飛逝。還好我們不孤獨，雖然心中仍然無限寂寞。

介護

かいご kaigo

看來，老人病倒時，最初是配偶，其次是單身的孩子，跟著是沒生育的孩子得上陣擔當介護的責任。

有一晚，日本一所大學約二十名的女老師開宴會，大家談得最多的話題，果然是「介護」即護理老人。大學的正規教員，一般博士班畢業以後，當過幾年助教，就職時至少有三十歲左右了。另一方面，目前日本私立大學教員的退休年齡定爲七十歲。結果，與會者的年齡，有三十幾、四十幾、五十幾，以及早已退休的七十幾、八十幾。平均年齡大約五十五。沒有六十幾的原因，是七十幾、八十幾的人還做現役教員的時候，大學仍有不成文的性別定額限制：等一個女老師退休，才再請下一個女老師來。

人到五十五歲，其父母至少有八十高齡，一對夫婦雙雙健康的例子該說很少了。有個單身老師說：長期住在大阪的父親患上了帕金森氏症住院，照顧他的母親勞累得快堅持不下去了，自己每週末在東京、大阪之間來回一趟也很費時間和精力，似乎只好叫他們搬過來了。

另一位結過婚沒有孩子的老師說：婆婆身體不好，無法一個人生活下去，於是自己主動提出了同住的建議。然而，日復一日非得做飯給年老的婆婆吃不可，對一個職業婦女來說負擔很不小，請外面商家送飯來又有不懂人情之嫌。她沒有生育孩子的經驗，這回平生第一次被別人束縛住自己的時間，感到很不自由也非常累。

一位十年前退休的老師說：她七十歲退休，誰料到，第二年丈夫就患上老人癡呆症了。最初是一個人出去不能回家，後來漸漸失去各方面的能力，說話溝通不再可能，日常生活的每一個環節都需要幫忙了。新藥一個接一個地出現，暫時能使病情停止惡化。然而，早些時候，醫生已宣布：治病是不可能了，從此就要設法讓病人過高品質的晚年。於是聯繫上了當地政府的社福部門、老人病的專科醫院等等，請來護士，安排移動浴池服務，爲的都是提高病人的生活品質。但能在家餵病人的階段似乎快要過去了，不久就得把他送進養老院去。

看來，老人病倒時，最初是配偶，其次是單身的孩子，跟著是沒生育的孩子得上陣擔當介護的責任。三十幾歲的人，往往忙於照顧小朋友。四十幾歲的人，則爲孩子的升學問題頭疼胃痛。過了五十，就得爲老父老母獻出精力了。人的一生，尤其是女人的一生，很多部分得爲照顧家人而消耗。若眼前有自由時間，就該抓緊機會去享受。這是我當晚聽著各位前輩的經驗，所取得的教訓。

直葬

ちょくそう chokusou

還是傳統很多了。進入了二十一世紀後普及的「直葬」，則省掉通夜和葬儀，把棺材直接送到火葬場去。

姨父逝世，我參加葬禮去了。當代日本的葬禮，一般在瞑目後第三天傍晚和第四天上午，分別舉行通夜（つや、tsuya守夜）和葬儀。通夜傍晚六點鐘開始，弔唁者包上奠儀，在靈前燒香，收到回敬就走，只有死者的近親才留下來真正守夜。葬儀則在上午十點開始，由和尚主持法事，結束後，把棺材關上釘住，送到火葬場焚化。跟著，由參加者兩人一對用兩雙筷子把骨灰夾起來放入骨灰罎裡；最後大家聚餐互相慰勞。

一九八〇年代中，我姥姥去世的時候，葬禮就在這次去世的姨父家舉行的。記得通夜還沒有開始之前，許多鄰居女人自動過來繫著黑色圍裙幫忙，不讓悲慟的阿姨站起來忙著。第二天的葬儀也來了很多人，包括多年沒見的遠親等等。

相比之下，這回姨父的葬儀則安靜多了。首先，葬禮的場地從個人住宅換成殯儀館，不再看到鄰居女人們繫黑色圍裙在廚房裡忙來忙去的場面了。再說，現在的人都覺得，不方便為別人家的喪事而向職場請假。結果，通夜的弔唁者比過去增加，葬儀的參加者卻基本上限於近親了。我自己有孩子需要照顧，傍晚六點趕去參加通夜有困難。葬儀那天恰好大學沒有課，因此跟老公雙雙去弔唁了。

位於東京郊外，鐵路武藏野線新八柱車站對面的殯儀館，當天上午有兩個葬儀。主持法事的和尚顯然是佛教的，卻沒有明說是哪個宗派，恐怕是為了好服務各宗派的信徒。我記起來，為姥姥辦葬禮的時候，因為一時找不到自己宗派的和尚，讓大家心中折騰了一陣子。這回葬儀的參加者有阿姨和她兩個孩子的家人共六名，以及我母親和她孩子共六名，姨父的姊姊和阿姨的表弟妹加起來共四名，至於沒有血緣的朋友僅有四位。總共二十個人，一起從殯儀館坐車去火葬場，送走了六十九歲的姨父。十點鐘開始的儀式，到了下午一點鐘就一切都結束，散會了。

雖說這回的葬禮給人以安靜簡潔的印象，可是跟如今越來越多的所謂「直葬」比，還是傳統很多了。進入了二十一世紀後普及的「直葬」，則省掉通夜和葬儀，把棺材直接送到火葬場去。以前只有路上倒斃而身分不明的人才有了如此的下場。如今，越來越多人，由於貧困、社會上孤立、對傳統習俗的抗拒等不同原因，不經告別而離開人世。據統計，在東京火葬場焚化的遺體中，已有百分之二十是「直葬」的。

相續稅

そうぞくぜい

souzokuzei

以一般標準看來，他們個個都是有錢人。但即使對他們來講，遺產稅的負擔太大了，何況在遺產裡現金占的比例不高。為了減輕兄弟和妹妹的負擔，皇后放棄了繼承權。

日本的相續稅（遺產稅）很貴，貴到連皇后都付不起。

美智子皇后的已故父親是日清製粉公司創業人的三男正田英三郎。皇后是他和富美子生育的兩男兩女中排行老二的長女，從小學時代到二十四歲嫁給現任天皇明仁之前，都住在位於東京都品川區東五反田五丁目的木造房子。這個房子是一九三三年竣工的英國都鐸王朝風格建築。當她出嫁前，日本報紙雜誌的攝影記者經常去那房子拍攝當年皇太子的未婚妻照片。所以，在老一輩日本人的印象裡，那房子跟如灰姑娘一般嫁入了皇室的美智子形像混在一起，很多人希望它永遠被保存下來。

一九九九年，正田英三郎去世，留下的遺產共值三十三億日圓，包括日清製粉的股份和房子，以及銀行裡的儲蓄。因為他夫人早已去世，按照日本法律，四個孩子擁有平等的繼承權，三十三億除以四，每人可拿到八億多日圓了。只是，遺產稅也高達了十七億日圓。正田家的長子是銀行家，次子繼承了家業，次女則嫁給了實業家，以一般標準看來，他們個個都是有錢人。但即使如此，對他們來講，遺產稅的負擔太大了，何況在遺產裡現金占的比例不高。爲了減輕兄弟和妹妹的負擔，皇后放棄了繼承權。可是，到了最後，她哥哥、弟弟、妹妹，還是只能以實物抵稅。二〇〇一年，舊正田公館歸國家所有。後來，由當地品川區政府買下來，並且從皇后婚前寫的詩歌取了名，叫做合歡樹之庭公園，對外開放了。有人曾提議把木造房子移到建築博物館去保留下來。可是，根據報導，皇后自己沒有同意。

名人生前住的房子，由於遺產稅的負擔太大，最後歸國家所有成爲公園的例子，還有田中角榮的故居。東京目白台的田中宅邸也曾經常出現在日本各媒體上。尤其白手起家的前首相穿著和服站在院子裡的池塘邊，親自餵鯉魚的鏡頭特別有名，因爲那些錦鯉一條的價錢就跟一輛汽車差不多貴。他留下的遺產有比皇后父親多一倍的六十五億日圓。女兒田中眞紀子也只好以實物抵稅。舊田中宅邸的大部分地方，如今是東京都文京區立目白台運動公園了。

上一代天皇裕仁一九八九年去世的時候，留下的遺產總額是相對較低的十八億七千萬日圓，由皇太后和皇太子也就是現任天皇明仁繼承。國稅局計算出來的遺產稅是四億兩千萬，由天皇以現金付清了。在日本，連天皇都跑不掉國稅局的魔掌！

肆

信不信由你

赤飯 {せきはん sekihan}

日本的當代文化把紅事和白事的概念分得很清楚，人們以為紅事該熱鬧、白事則該肅靜，因而看到了熱鬧的台灣白事就目瞪口呆。

二〇一四年的索契冬季奧運會，日本選手淺田眞央本來被視爲花樣式滑冰女單項目最有力的競爭者之一，可是在第一天的短節目比賽裡多次摔倒，結果排在第十六位。不僅凌晨凝視著電視機屏幕的許多日本觀眾，連淺田本人都該吃了大驚的。幸好，她在第二天的表現出色，刷新了自己在自由滑中的最高得分，最後名次躍至第六位了。有趣的是，第二天報導淺田多少挽回了敗局的日本媒體，用的標題竟然是：眞央在決戰前吃赤飯給自己打氣。

赤飯是跟紅豆一起蒸熟的糯米飯。傳統上日本家庭有喜事，如孩子出生、過生日、升學、畢業、就職、結婚等等，家裡就蒸鍋赤飯全家人一同吃的。把糯米事先泡在紅豆湯裡，使得蒸好的米飯呈美麗紅色，看起來喜氣洋洋，當喜事大餐中的主食很合適。作法並不複雜但是費事費時間，這些年頭多數人就跟店家訂購吃現成的。總之，至今日本人都覺得慶祝場合非吃赤飯不可。

爲什麼吃赤飯呢？你問日本人恐怕也得不到答案。一般日本人對傳統文化的認識，可說是例行公事，盲目地按照老規矩做下去罷了。你問立春前一晚爲什麼撒豆驅鬼？人家也會搖頭說：是老風俗吧？實際上，吃紅豆飯、撒豆驅鬼的習俗，應該都傳自中國。眾所周知，華夏文化裡紅色有辟邪的作用，於是過年過節娶嫁等場合都貼上紅色對聯，拜神拜祖先燒的香都常用紅色的。至於豆子具有的神力，可以能從吃臘八粥、八寶粥的習俗中窺見到。

其實，古昔日本人也吃類似於臘八粥的紅豆糯米粥。公元十世紀末完成的散文集《枕草子》裡，女作家清少納言就介紹：每年的農曆正月十五日，宮廷裡有吃紅豆粥、祈求添丁的習慣。十四世紀初日本最早的一本食譜《廚事類記》則寫著三月三日上巳節、五月五日端午節、九月九日重陽節，宮廷裡都吃赤飯。至於民間過節吃赤飯的習俗，大概是大米生產量增加的十八世紀以後才普及。

日本的當代文化把紅事和白事的概念分得很清楚，人們以爲紅事該熱鬧、白事則該肅靜，因而看到了熱鬧的台灣白事就目瞪口呆。日本人辦紅事一般在事成後慶賀，不大有事前祝福的習慣。可是，索契冬奧時候的淺田眞央，第一天失敗後吃赤飯以圖挽回敗局，似乎是下意識地想起來了紅豆會起的神祕作用：祝福。果然，第二天的表現好到神奇，媒體記者們聽到是吃赤飯所致，個個都拍大腿寫進標題中去的。

御靈信仰

ごりょうしんこう

goryoushinkou

朝廷給他平反，不僅恢復了右大臣位階，而且追贈太政大臣位階，也作為北野天滿宮的天神供奉起來了。

日本的學問神是公元九世紀的文章博士菅原道眞。全國各地共三千九百五十三所天滿宮都供奉著他。每年二、三月，各級學校舉行入學考試的日子裡，考生們紛紛去家附近的天滿宮祈求學問神保佑能夠順利升學。

菅原道眞是書香門第的子弟。祖父菅原清公就被任命為遣唐使，去長安會見過德宗，回日本後當上了相當於中國翰林學士的文章博士，其子菅原是善後來也做了文章博士。孫子道眞從小就異常聰明，四歲學字，五歲作詩，十八歲考上了大學寮文章生，二十七歲做官，三十三歲當文章博士，五十三歲終於升為右大臣。當時的日本政界由貴族藤原氏以外戚身分掌握實權控制著歷代天皇。時任左大臣的藤原時平害怕菅原家的勢力將會壓倒藤原家，私下進行誹謗，導致年輕的醍醐天皇誤信而剝奪道眞的官位，並把他左遷去九州福岡大宰府，也把他四個兒子們流放到各地去了。

道眞離開京都的時候，作了一首和歌：**東風颸起來了，該飄香啊梅花，雖我從此不在，別忘記春天了**。誰料到，道眞到了大宰府，原來種於京都宅邸院子的梅樹都飛行遠路，出現在流放地了。過兩年，道眞去世，京都發生許多詭怪事件：流行疫病、天皇公子們陸續去世、朝廷開會時忽然落雷造成死傷多名、三個月後醍醐天皇也去世。人們認爲一切都是道眞冤魂所致。朝廷給他平反，不僅恢復了右大臣位階，而且追贈太政大臣位階，也作爲北野天滿宮的天神供奉起來了。

因爲害怕，所以當神供奉，這就是日本傳統御靈信仰，即冤魂崇拜的機制。菅原道眞被供奉爲學問之神，一方面由於他生前書念得特好，另一方面也是因爲他死後發揮的破壞力量非常顯著。人們相信：若能成功地使他息怒，會翻身爲鎭護之神保佑社會。

同樣被當神供奉的冤魂在日本並不少見。首都東京的鎭護神社神田明神，離御宅族聖地秋葉原很近，就供奉著公元十世紀的逆臣平將門。他公然反抗朝廷，一時統治了東日本，自稱爲新皇，可不久就戰敗，被割掉的腦袋在京都示眾。不料，那腦袋三天後忽然飛起來，在三百六十八公里外的現東京中心區落地了。當地居民生怕禍祟，建設了將門首冢，至今在皇居附近保留下來，周邊公司的職員們天天參拜，香火從來未斷過。

飛梅傳說

とびうめでんせつ tobiumedensetsu

總之，菅原道真和梅樹的關係特別深，日本國內共三千九百五十三所天滿宮，幾乎無例外地種著梅樹。

在公元九到十世紀的日本，前後擔任了文章博士和右大臣的菅原道眞，在一場政爭之中失敗，被流放到九州大宰府（衙門）去了。不可思議的是，本來種於他京都宅院的梅樹，想念主人之餘，竟飛行六三〇公里，自行出現在大宰府了。這就是在東瀛人人皆知的飛梅傳說。位於福岡縣的太宰府天滿宮，直到今天都有棵樹齡超過一千年的白梅樹，被譽爲神木。據說，在院子裡總共六千棵的梅樹中，每年二月領頭開花的一定是那棵樹。

也有傳說道：道眞在京都的宅院裡，除了梅樹以外，其實還有櫻樹和松樹。可是，主人走了之後，櫻樹悲哀不堪，最後枯死。至於松樹，雖然跟梅樹一樣起飛了，但到了現今的神戶市板宿町就精疲力竭，不能再飛下去了。當地至今有飛松天神社。

總之，菅原道眞和梅樹的關係特別深，日本國內共三千九百五十三所天滿宮，幾乎無例外地種著梅樹。東京最著名的湯島天神，一三五五年起供奉菅原道眞，離江戶時代創建的孔廟湯島聖堂以及現今日本的最高學府東京大學都很近，可說是東京的學問中心。果然每年二、三月的入學考試期間，有好幾十萬應考生來抱天神腿。這時，院子裡以白梅爲主的三百棵梅樹上花朵正盛開。社方舉行梅花廟會，逢週末更有各種演出供獻給天神，其中不僅有日本舞蹈、民謠演唱，而且還有中國雜技、夏威夷呼拉舞，甚至有肚皮舞。另外，「野点（のだて nodate）」即戶外鋪緋色地毯舉行的茶會都很受歡迎。正如中文有句俗語說，梅花香自苦寒來；冷天下拜神、賞梅花、飲苦澀抹茶，都很符合應考生期待春天早點到來的心理。

我家附近的谷保天滿宮，是公元九〇三年接到菅原道眞在大宰府去世的消息後，當時被流放來東國住的三男道武，木刻父親肖像而開始供奉的，歷史竟比著名的湯島天神還長四百多年。院子裡種的梅樹也更多，達三百五十棵。每年三月第一個週末舉行梅花廟會時，在梅園地上鋪開蓆子，忍著寒風喝特產梅茶，吃梅子果凍也別有味道。

走到主殿去，旁邊就看到架子上掛滿著應考生們爲了許願而奉獻的「繪馬（えま ema）」，即房子形的五角小木板畫。大多數考生在上面寫著：希望能考上某某學校。由於離家近，我總會注意到一些街坊的孩子們來參拜留下的「繪馬」，乃畫著菅公菅原道眞肖像的。按規矩，考上了以後，該再來還願並掛上神牛圖案的「繪馬」。傳統上，牛被當作菅公的使者。只是健忘是人的常性，何況臨時來抱天神腿的學生們。所以，架子上的「繪馬」，永遠是菅公的多，神牛的少。

神佛習合

しんふつしゅうごう
shinfutsushuugou

這一切，其實都是在古老的泛靈論框架裡進行的。連山河都當作信仰對象的日本人，自然也不排除外來宗教。

據官方統計，日本有約一億神道徒、八千五百萬佛教徒、兩千萬基督／天主教徒，以及九千五百萬其他教徒。全合起來達到兩億，比日本總人口一億兩千七百六十萬多出五成以上了。怪不得西方有人批評日本人信仰不專一。可多數日本人確實生爲神道徒、死爲佛教徒、中間偶爾樂爲基督徒的。

新生兒滿月，日本多數父母帶小娃娃去附近神社，請神官祓除不祥，乃所謂「初參宮」。各家百貨公司、和服店專門出售在那天給寶貝披上的豪華衣裳，如今也有很多人租賃一天就了事。小朋友三歲、五歲、七歲的十一月十五日則要舉行「七五三」祝賀式。多數父母也會再帶孩子去神社拜拜，還順便去照相館拍下紀念照和全家合影。有些攝影公司更爲小皇帝、小皇后製造很豪華的寫眞集，價錢當然不便宜了。寶貝兒女好不容易長到二十歲，會收到居住地市政府寄來的一月十五日成人式請帖。

多數女孩子穿上絲綢和服，男孩子則穿上整套西裝，去參加市政府主辦的祝賀會，相信也有一部分人記得該爲還願去神社拜拜了。可見，日本人視神社的主要功能爲透過祓除災病，保佑孩子健康成長。

反之，當家裡的老人將要瞑目之際，多數日本人卻想起祖先墳墓所在的佛教寺院來。然後，從醫院太平間給葬儀社打電話，委託跟寺院聯繫。這樣在守夜、出殯時，會有和尚念經，幫死者靈魂順利渡冥河。如果早已離開故鄉在城市裡經營小家庭的話，大體要在非宗教性質的公共墓園裡買塊墓地立墓碑，也一樣透過葬儀社邀請和尚來念經。後來的頭七、七七、週年忌日，以及第三年、第七年、第十三年、第十七年、第三十三年的忌日，都要請和尚來主持佛事。可見，日本人視佛教的主要功能爲保障祖先靈魂在陰間過得無礙。

至於還在陽間的子孫們，即使從未踏足過耶穌教堂，到了年底，都照樣在家裡擺設塑膠聖誕樹點起小燈光來，並且交換禮物，也吃烤雞、蛋糕、香檳齊全的聖誕大餐。倘若僅因不是教徒而享受不到聖誕節樂趣的話，恐怕多數日本人會覺得冤枉極了。

這一切，其實都是在古老的泛靈論框架裡進行的。連山河都當作信仰對象的日本人，自然也不排除外來宗教。尤其是佛教傳入以後，曾進行了長達一千三百年的「神佛習合（綜攝）」。只是，從信奉一神論的猶太教、天主教、基督教、伊斯蘭教徒看來，不僅不可理解而且有冒瀆之嫌了。

神祟

{かみのたたり kaminotatari}

二〇一一年的東日本大震災，由於幾個大地震連續發生了，結果大地搖動的時間異常長，使得許多日本人當時就想：神對我們的怒氣怎麼會這麼大？

關於神的俗語中，在日本最膾炙人口的一句是：**不去觸神不作祟**。意思是說：不跟神祇打交道，就不會有禍祟了。這句俗語有勸戒人們別多管閒事的功能。

以民間信仰爲基礎的日本神道裡，神的概念跟西方一神教，如猶太教、基督教、天主教、伊斯蘭教的神，完全不一樣。古代日本人相信在自然界萬物都具有神性，因此產生了八百萬神的說法。八百萬是無限多的意思。也就是說，由日本人看來，無論是山還是河，抑或是樹木、水泉，甚至一粒大米都會是神。而且只要是神，都有超越人智的特異能力，乃正負兩面的。好好祭祀了神，就會得到保佑；反之，萬一惹上了神，則會非常麻煩。於是有了不去觸神不作祟這句話。

自然災害或者個人生活中的不幸，一般日本人至今都傾向於相信是得罪了神祇所致。二〇一一年的東日本大震災，由於幾個大地震連續發生了，結果大地搖動的時間異常長，使得許多日本人當時就想：神對我們的怒氣怎麼會這麼大？是否這些年整體日本人在道德方面的表現非常惡劣，竟然引起了神的懲罰？

神道本來是樸素的民間信仰，不僅沒有始祖也沒有經典，而且進一步迴避明說教義，乃似乎受著言靈信仰的約束，害怕說錯了話會有報應所致。公元八世紀編撰的日本最早詩歌集《萬葉集》裡，就有柿本人麻呂寫的一首歌：**在葦原的瑞穗國（按：指日本），隨神意而不言語**。總之，多數日本人的生活中，歷來缺乏相當於洋教十誡的明確生活規律。傳統上，日本父母告誡孩子說：別忘記「御天道様おてんとうさま otendosama」老看著你呀。那「御天道様」其實就是太陽。日本人是把良知良心投射於太陽的。

近代初期，日本政府為了加強國家意識，參考歐洲國家的立憲君主制，並引用基督教、天主教的一神論，把神道化為實際上的國教，即以天皇為神了。那種國家神道的架構，其實跟傳統的自然神崇拜互相矛盾，可說是日體西用的洋務派做法，後來更被軍國主義者利用。一九四五年夏天進駐日本的盟軍總司令部，同年底就發出指令禁止了國家神道。兩年後，還在盟軍占領下施行的日本國憲法第三章第二十條規定：任何宗教團體都不得享受國家特權並行使政治權力。這條文至今沒有修改。

文化祭

ぶんかさい bunkasai

雖然在日本，祭字主要指節慶和廟會，因而在人們心目中產生玩樂、熱鬧等印象，但是我也認為，在漢字發源地中國，祭字始終主要指祭祀，給人的印象傾向於嚴肅，跟日本的確不一樣。

記得曾住在香港的時候，朋友帶來一則消息，令我事後多年都不知道該怎樣評價才好。那是關於當地日本學校文化祭的。

跟日本國內的學校一樣，該校也每年舉行一次文化祭。具體內容我沒有問，但大概不外是：禮堂舞台上的音樂、舞蹈、戲劇演出，校舍內、操場上舉行的動漫、文學、攝影、手工藝、美術、天文、鐵路等等各社團的研究發表和作品展覽吧。由於不是大學的學園祭，大概不會有各班級在校園裡設置攤子出售小吃賺點錢。最重要的是，凡是日本學校的文化祭，該是對外開放，歡迎各位家長、弟妹、老同學、鄰居等來參觀的。

那則消息道：因爲香港學校沒有相同的活動，而文化祭一詞中的祭字，在漢語中的涵義首先就是祭祀，給人印象不大好，因此要把活動名稱改爲文化節。給我帶來消息的朋友很氣憤地說道：文化祭是堂堂正正的日文詞，怎麼要爲迎合香港人而改變名字？叫做文化節，反而許多日本人不明白是什麼意思了。

如今，日本動漫作品傳播到各國去，對其中出現的文化祭或學園祭，相信許多年輕讀者都司空見慣了。畢竟，在《名偵探柯南》《網球王子》《涼宮春日的憂鬱》《犬夜叉》等等裡，都有文化祭的場面。所以，海外的日本學校舉行文化祭，當地民眾也不大會大驚小怪了吧。然而，英屬香港最後的日子裡，網路還沒有普及，人們透過視頻等渠道接觸外國次文化作品，瞭解生活和文化細節的機會非常有限。所以，學校當局爲避免引起附近居民的不安，把文化祭乾脆叫爲文化節亦不難理解。

問題在於祭字給各地人的印象、感覺究竟是怎麼樣？雖然在日本，祭字主要指節慶和廟會，因而在人們心目中產生玩樂、熱鬧等印象，但是我也認爲，在漢字發源地中國，祭字始終主要指祭祀，給人的印象傾向於嚴肅，跟日本的確不一樣。所以，香港日本學校把文化祭的招牌換成文化節，可說入境隨俗，符合人情。然而，有一次，我去台灣，街上看到「客家祭」的海報，問問當地朋友才知：台灣的祭字既是祭祀祖先、神仙，又是民間辦的各種活動，乃既嚴肅又熱鬧的活動。

後來，香港日本學校怎樣解決了這一問題，我不知道。總之，日本的秋天對大多數高中同學來說一向就是文化祭的季節。以我兒子爲例，爲了準備九月第二個週末舉行的文化祭，連暑假裡都幾乎天天帶便當上學去了。到底要推出什麼樣的節目，青春期少年不會直接告訴母親，我只好上網看他班級的部落格猜想。回想自己高中時代的文化祭，都三十多年前的事了，有些場面卻還在腦子裡記得很清楚。所以呢，我想兒子他們也正在創造青春回憶。

都市祝祭

{としし ゅくさい toshishukusai}

現在，每年秋分，北部社區的孩子們也拉彩車、抬神轎，彩車上更有小舞台讓戴面具的男童女童隨著鼓笛音樂表演舞蹈。

日本的秋天活動特別多。以我家九月爲例，第一個週末有兒子高中的文化祭，第二個週末有體育祭。第三個週末逢秋分，有當地谷保天滿宮的例行秋祭。至於第四個週末，果然還有女兒小學的運動會。

這些活動，大多是孩子去參加的，父母只當後勤而已。因此，即使年齡跟我們差不多，也長期住在同一棟公寓的居民，要是沒有孩子，就根本不知道如今學校的運動會、文化祭、體育祭是怎麼回事了。連當地守護神谷保天滿宮的秋祭，除非有孩子去拉彩車、抬神轎、收到獎勵糖果等等，否則只有站在路邊觀賞拍照的分兒了。

如今日本大城市的居民，一直住在出生地的人很少。許多是從外地來東京上大學，畢業以後留下來就職成家的。即使是生於斯長於斯的東京人，工作結婚找新居，往往在不同的社區，情況跟外地出身的人也差不多了。

我住的國立市位於東京西

郊多摩地區，一方面繼承古老農村的文化，另一方面有現代城市的生活。市南部的谷保地區，原先從事農業的老住戶居多。我住的市北部，則靠近鐵路中央線國立站，大多居民是新搬來的上班族，每天往東京中心區上班去。

位於市南部的谷保天滿宮，祭祀日本平安時代，公元九世紀的文章博士菅原道眞，乃是日本人人皆知的學問神，每年都有好多應考生從各地來拜拜。秋天的大例祭，從九月二十一日的晚間奉獻獅子舞開始，經過二十二日的抬神轎，二十三日的萬燈祭，直到二十五日的祭典，繁多的傳統儀式，都由南部老居民出力操辦。反之，上世紀中期才開發的北部住宅區，因爲沒有守護神也沒有祭典，於是各家商店的老闆們聯合起來跟天滿宮打招呼，興辦了社區活動。現在，每年秋分，北部社區的孩子們也拉彩車、抬神轎，彩車上更有小舞台讓戴面具的男童女童隨著鼓笛音樂表演舞蹈。

北部地區的祭禮，因爲以振興商業爲目的，仍然沿用了古老信仰的架構。第二次世界大戰以後的日本大城市，很多地方都出現類似的「都市祝祭」，成爲了社會學家酷愛的研究題目。總之，據我觀察，國立市北部的居民，經常透過孩子去參與社區的祭禮，然後逐漸培養對當地的歸屬感。其實，學校舉辦的各種活動也有著相似的作用。有些同學的家長，自己的孩子畢業以後仍屬於該校的後援會，參加種花清潔等志願工作呢。

伍

言之有物

御御御付

おみおつけ omiotsuke

一般來說，「御」字只能冠漢語與和語，而不能冠西語。所以，不能說御美乃滋（蛋黃醬）、御茄汁（番茄醬）、御吐司（烤麵包）。

當代日本口語受著古代女房即貴人女侍的話語影響，往往過於謙恭到接近囉嗦甚至滑稽的程度。比如說，日本的家常便飯味噌汁即醬湯，我都從小習慣叫它：御御御付。這四個字裡，具有實際意義的只有最後一個字：付，乃配上飯菜的湯水。後來，不知是哪裡的女房從禮貌著想，把「付」升爲「御付」了。我姥姥生前用的就是「御付（おつけ otsuke）」這個詞。母親小時候也應該是一樣的，可是她嫁入了婆家後，馬上發覺：大姑小姑都把普普通通的醬湯叫爲「御御御付」，就用起這超級禮貌語來了。

根據在日本最普及的辭典《廣辭苑》，「御」字本來是專門用來形容跟貴人或尊敬的人有關的事物，比如說：天皇的御苑、老師的御宅。後來，爲了表示禮貌，幾乎什麼名詞前面都可以冠上「御」字了。如今，多數食品名稱前面都會出現「御」字，例如：御茶、御水、御飯、御魚、御肉、御野菜、御醬油、御酢（醋）、御味噌、御鹽、御砂糖、御餅（年糕）、御漬物（鹹菜）。連極其平民化的食品都會被冠上「御」字，比方說：御茶漬（茶泡飯）、御便當（盒飯）、御飯或者御結（飯糰）。

一般說來，「御」字只能冠漢語與和語，而不能冠西語。所以，不能說御美乃滋（蛋黃醬）、御茄汁（番茄醬）、御吐司（烤麵包）。雖然有人說御沙司（sauce）、御啤酒，但聽起來卻給人煞有介事的印象了。跟神仙有關的詞前面冠上一或兩個「御」字，可說有憑有據。例如：御御籤、御御酒、御御輿、御御燈等。這些都能改寫成：御神籤、御神酒、御神輿、御神燈，而發音不變。

可是，御御足呢？即使屬於貴人或者尊敬的人，甚至神佛的腳，還是有點彆扭吧？正如御尻（屁股）、御股（陰部）、御臍。相比之下，御乳聽起來較順耳，恐怕是跟吃食育嬰有關，換句話說，是因爲本來屬於女侍工作範圍內的緣故。御風呂（洗澡）、御勉強（學習）、御本（書）、御晝寢（午睡）、御靴、御帽子等也是。

中世紀以後，日本人稱女孩名字時，也往往會加上「御」字。只是暱稱而並不是尊稱，所以常用「於」字或「阿」字來代替，例如：歌舞伎的創始人出雲阿國。這樣書寫似乎更合乎實情了。

中國語

ちゅうごくご
chugokugo

二十世紀末，陸續在各大學開設的漢語課之情形則完全不一樣。我任職的大學前幾年公開聘請漢語老師，結果寄來履歷表的應徵者當中，乍看一半人有中國姓名。

日本的漢語老師們喜歡開玩笑說：中國語是日語。當同學們的臉上浮現出「不明白」的表情來，就揭開謎底說：漢人把中國語叫做漢語、中文、華語、官話、普通話等等，卻從來不稱之爲中國語的。你有機會來到日本大學，聽到學生們叫漢語爲「柴魚」，都不要大驚小怪了。因爲他們說的其實是「Chi（nese）語」的簡稱，正如其他學生們把法語說成「呼啦魚」是「Fra（nce）語」的簡稱一樣。

自一九九〇年代起，中國語是日本大學生第二外語的首選。他們都說：高中老師、補習班老師、父母親均推薦了漢語，因爲畢業工作後，能用上的概率最高。年輕學子也許不知道，但是之前的一百多年，日本大學生是統統去選法語、德語爲第二外語的。

一八六八年的明治維新後，日本政府聘用的外國專家當中，除了英國人、美國人以外，還有不少法國人、德國人。近代日本的民法是根據法國民法的，醫學則是根據德國醫學的，其他學科也都參考了歐洲先進國家的經驗。結果，日本的文科大學生念法語，理科大學生則念德語，曾經大約一世紀都是天經地義的事。只是，早期的專家們回國去了以後，教法語、德語的大多是日本老師了。他們懂得語法、精讀，但是一般不善於發音、會話。那樣子培養出來的學生會看外文卻不會說，該說是理所當然的結果。

二十世紀末，陸續在各大學開設的漢語課之情形則完全不一樣。我任職的大學前幾年公開聘請漢語老師，結果寄來履歷表的應徵者當中，乍看一半人有中國姓名。仔細看之後，我發現其實在另一半裡面，顯然也有不少人是中國出身，後來因結婚等理由，取得了日本國籍和姓名的。如此一來，聘請以漢語爲母語的中文老師非常容易。我們系裡就決定了：讓一年級學生跟中國老師學地道正確的發音，跟日本老師學語法。這樣優越的學習條件，選修德語和法語的學生是從來沒有過的。

因爲日語裡有很多漢語由來的詞，而且人人都知道至少一千多個方塊字，只要有適當的環境，日本年輕人學漢語學到一定程度應該是不困難的。事實上，高水平大學的同學們在剛開始的一、兩年裡，往往就學到日常會話所需要的語法和知識。他們再有了實地練習的機會和增加詞彙的意志，畢業之前可以把漢語水平提高到跟學了十幾年的英語同等的地步。

然而，出社會工作後繼續學習則需要很大的意志力了，尤其工作上暫時用不上漢語的時候。積累知識不容易，忘記辛辛苦苦學到的知識卻易如反掌。幾年沒見的學生，看到漢語老師的臉，想開口寒暄卻說不上話來，他們自己覺得可惜，做老師的更只好搖頭嘆息。

「打合」「打上」

うちあわせ、うちあげ
uchiawase uchiage

日文中的「打」字，真有點奇妙的功能。「打明」是告白祕密的意思，「打掛」則是新娘子在婚禮上穿的白色罩衫。「打出」兩個字用來表達推出新花樣。「打出小槌」卻是萬寶槌的意思了。

日本人用起漢字來，有時候用得特別奇怪，至少由倉頡的子孫漢人看來應該是吧。

有一次，來日本參加研討會的中國學者稍微擔心似的問了我：日程表上寫的「打合」「打上」是什麼意思？我是土生土長的日本人，從小講日語長大的，對於「打合」「打上」兩個詞，自然熟悉。可是，那瞬間，借用中國學者的眼光來看那兩個日文詞，不能不感到深刻的異化。「打合」兩個字怎麼會是「事先商量、碰頭」的意思？「打上」又怎麼可能指「工作項目順利結束後的宴會」呢？

在日文中，只用兩個漢字就能表達清楚的概念，翻成中文反而變得很長，是漢人文化裡本來沒有相同習慣的緣故吧。試查日英詞典看一下，「打合」的英譯是「a previous arrangement」即「事先安排」，顯然有偷偷摸摸的感覺，像是上不了檯面的勾當似的。然而，日文中或說日本文化中，「打合」是完全正常，甚至不可缺少的程序。反之，不經過「打合」而直接上場的會議，好比是沒有劇本的戲劇演出，日本人認爲無法演得漂亮。所以，日本人開的會，往往是沒開之前已有結論，因爲在「打合」上早下了工夫。

至於「打上」，英文有「a wrap-up partyt」的說法。不過，語感跟「打上」不完全相同。日文的「打上」有解放、慶祝，甚至放肆的涵義。許多日本人在工作時間裡顯得儒家般的一本正經，放工去喝酒才把壓抑了一天的個性放開出來，表現出道家的本性。所以，對日本人來說，認眞工作的目的恐怕就是最後一晚的「打上」，果然這個詞也用來指發射煙火的動作。

日文中的「打」字，眞有點奇妙的功能。「打明うちあける uchiakeru」是告白祕密的意思，「打掛うちかけ uchikake」則是新娘子在婚禮上穿的白色罩衫。「打出うちで uchide」兩個字用來表達推出新花樣。「打出小槌うちでのこづち uchidenokozuchi」卻是萬寶槌的意思了。說「打立うちたてる uchitateru」呢，不外是樹立什麼新紀錄。「打解うちとける uchitokeru」又是感情融洽的意思。「打寄うちよせる uchiyoseru」則指滾滾而來的波浪。從小到老，從早到晚都講日語的日本人覺得，日文中的漢字用法才正常。他們看到中文裡的「打手機」「打火機」就皺起眉來搖搖頭表示「珍紛漢紛（ちんぷんかんぷん chin-pun-kan-pun）」即一竅不通。

ZUZU弁

{ずーずーべん zu-zu-ben}

語言是文化的寓所，也是自我認同的依據。被ZUZU弁的體操口號聲鼓勵，災區也出現了ZUZU弁詩集，乃用自己的方言記錄並表達受災的經歷和感受的。

我看著日本的公共電視台NHK的早晨新聞節目，注意到一則有趣的報導說：二〇一一年三月發生了大地震、海嘯、核電站事故的東北地區，處處出現方言復生的現象。

本來住在海邊的災民們，失去了住房後，只好搬到內陸的臨時房屋暫住了。由於災區面積大，災民人數也多，搬進了臨時房屋後，左鄰右舍住的往往是原本不認識的人，而日本人一碰到陌生人，一般就用起以東京話為基礎的標準日語來。可是，用這種官方語言交談，許多人覺得無法把心裡話說出來，要表達自己眞正的感情，就難免有隔靴搔癢之嫌了。如此一來，他們失去的不僅是房子和社區，還有跟別人交流感情的途徑，會嚴重影響到身心兩方面的健康，該怎麼辦？

當地的NHK電台分局，不知是誰靈機一動，便把廣播體操節目中的口號聲改為東北方言播送出去了。結果，聽眾們的反應特別強烈，在各個臨時房屋區，本來躲在屋子裡，沒心思出來的老年人，這回統統都集合到戶外小廣場來，跟著家鄉方言的口號聲，開始做屈伸運動了。一九二八年開始播放的廣播體操，至今有八十五年的歷史，在日本社會各階層都普及到人人皆知的地步，一聽到伴奏的鋼琴音樂和口號聲，大家都會知道該怎樣動身體。隨著親切至極的方言口號聲做了十分鐘的體操後，各參加者之間自然彼此搭起話來。這樣新的社區就開始形成了。

日本東北地區的方言，一般稱爲ZUZU弁，因爲這種方言裡沒有ZI和ZU，SI和SU之間的分別，結果要說ZIZU就變成ZUZU，要說SUSI（すし sushi、壽司）也變成SUSU（すす susu、煤煙灰）。另外不少詞彙都跟標準日語有出入，使得其他地方的日本人聽不明白。我大學畢業赴任的第一個工作單位是朝日新聞仙台支局，記得平時在市內做採訪幾乎沒有問題，然而一到市外的農村、漁村，就聽不懂老鄉說話了。若拿出本子來進行筆談又像是侮蔑對方。結果點著頭裝懂，實際上卻一竅不通，回公司後無法寫出稿子來，挨了上司的罵。

語言是文化的寓所，也是自我認同的依據。被ZUZU弁的體操口號聲鼓勵，災區也出現了ZUZU弁詩集，乃用自己的方言記錄並表達受災的經歷和感受的。近代以後的日本社會一切均向首都東京一邊倒，從前的東北人也不敢在陌生人面前講ZUZU弁。如今人們卻認識到了方言具備的療傷效果，聽到ZUZU弁也不再覺得好笑，反而覺得好溫暖了。

青森弁

あおもりべん
aomoriben

有一次在東北地區青森縣靠日本海的地方，乘當地鐵路五能線，跟一對講當地方言青森辯的母女同坐了對面式座位。我邊看窗戶外頭的海景，邊聽聽母女交談，然而好比聽外語一般，根本不懂她們說話的內容。

日本的面積只有鄰國中國的二十六分之一。為了讓日本學生體會到中國之大，我常常告訴他們說：一個中國就跟歐洲大陸加上俄羅斯西部那麼大；北京話、上海話和廣東話的區別，簡直跟英語、德語和西班牙語那麼大的；講上海話的人口比全世界講法語的人口多，講廣東話的人口也比講義大利語的人口多。

然而，在島國出生長大的年輕人，還是想像不到大陸到底多麼大，反問老師說：那區別拿到日本來的話，像什麼呢？我回答道：拿到日本來的話，則像日語和韓語的區別了。這回，他們才明白：原來中國的方言之間是彼此聽不懂的。

其實，一八六八年明治維新之前的日本人，也好比住在今天的歐洲，分別屬於不同的邦國（當年稱「藩」），分別講不同的語言過一輩子的。近代化以後，義務教育逐漸落實，全國各地的孩子們才開始在課堂上學習以東京話為基礎的標準日語。二十世紀前半，收音機登場，六〇年代以後又因電視機普及了，標準日語才眞正滲透到家家戶戶去的。

記得一九七〇年代末，我趁高中假期單獨到日本各地去旅行，有一次在東北地區青森縣靠日本海的地方，乘當地鐵路五能線，跟一對講當地方言青森辯的母女同坐了對面式座位。我邊看窗戶外頭的海景，邊聽聽母女交談，然而好比聽外語一般，根本不懂她們說話的內容。人家也意識到我是東京來的，要溝通非得用標準日語不可。於是當母親叫女兒跟我說話之際，就特地改用標準發音勸說：妳問姐姐可不可以「投」垃圾。

「投」垃圾？那位母親難道要把女兒手裡的糖果紙往窗戶外投擲嗎？那樣汙染環境怎麼行？她又怎麼想到取得我的許可？然而，看母女臉上的表情，她們倆似乎都相信我一定會說「行」的。我一時不知道該怎麼回答才是。然後，我注意到了小女孩指著我放在小桌上的塑膠袋，那是用來當垃圾袋的。原來，小朋友在問可不可以把手裡的糖果紙「投」進我的塑膠袋裡。這回我匆忙回答說：當然行啊。

後來我得知，東北人、北海道人，都不像東京人那樣說「捨」垃圾，而是說「投」垃圾的。其實，中文說「扔」垃圾、「丟」垃圾，英文也說「throw 垃圾 away」，都是跟青森弁的「投」差不多的用語。看來我該承認東北方言其實滿國際化的。

關西弁

かんさいべん
kansaiben

我由於嫁給了關西人，常有機會見住在關西的姻親。大阪的小姑她們說的話，我勉強能聽得明白，該說歸功於電視上的大阪藝人了。

在日本，最有名的方言是關西弁。關西的關是古代位於現三重縣，伊勢北方的東海道鈴鹿關，其西邊就是關西地區了。至於關西弁，則具體指：大阪、京都、奈良、滋賀、兵庫、和歌山、三重，共七個府縣的方言。

京都和奈良都爲日本古代首都的所在地。大阪又長期是僅次於東京的全國第二大城市。可以說，無論從歷史文化的角度看來，還是就經濟規模而言，都不是鄉下小地方。只是一八六八年明治維新以後，天皇移居去了東京，原來用的「近畿」一詞，不大合適再繼續使用，關西一詞從此就普及了。

古都居民有獨特的驕傲，他們至今視東京人爲粗魯的新貴。所以，其他地方的日本人所說的標準語，由關西人看來卻不過是東京弁、關東弁了。果然，到了關西，連地鐵車廂裡的廣播都用著關西弁。反之，關西人到東京，不論過了多久都不肯放棄關西弁，即使採用標準語的詞彙都要保持關西弁的語調。

所謂關西弁，其實也分成京都弁、大阪弁、奈良弁、播州（神戶）弁、和歌山弁等。京都由於是過去一千年的首都，貴族文化多多少少流傳到今日，在人們的心目中，京都弁的地位也因此仍然崇高。

大阪則是歷史悠久的商都，十八、十九世紀領全國之先成立了商人自治的都會，二十世紀初期又以現代主義建築聞名全國，第二次世界大戰以後就翻身為各種消費文化的發祥地了。尤其是一九八〇年代以後，大阪吉本興業公司旗下的藝人紛紛來東京發展，無論在東京劇院的舞台上，還是全國播送的電視節目裡，都用大阪弁搞笑。那也不無原因。大阪文化比東京文化開朗瀟灑，連小孩或老太太都懂得幽默，而那種幽默感是非得用大阪弁才能夠發揮出來的。果然，明石家秋刀魚、Down Town二人組等過去二、三十年一直主持綜藝節目，使得全國觀眾漸漸學會聽大阪弁了。

我由於嫁給了關西人，常有機會見住在關西的姻親。大阪的小姑她們說的話，我勉強能聽得明白，該說歸功於電視上的大阪藝人了。可是，和歌山縣的遠親說話呢，感覺好比聽著法語，若能聽懂全部的話，我眞爲自己驕傲了。一個原因是和歌山弁不分Z音和D音。該縣南海鐵路的列車上，列車長廣播說的ZASEKI（座席）聽起來似是DASEKI（打席，即棒球場上擊球員站的位置），往往叫乘客們摸不著頭腦的。

閃亮名字

キラキラネーム kirakirane-mu

> 在日本，用數字取的名字歷來不算稀奇，並不屬於如今流行的閃亮名字之類。例如，我的名字一二三，大部分日本人一看就知道是什麼讀音。

我的三個兄弟，名字分別叫做克彥、雅彥、猛彥。聽說，大哥出生的時候，爺爺本來要給他取個名字叫彥一，然而母親哭著抵抗了，因爲日本人一聽到彥一這名字，就聯想到老笑話《彥一機靈話》的主人翁，而他在廣大日本社會確實跟一休和尚一樣有名。後來，經父母親商量，就把長子命名爲克彥了。

七年以後，弟弟出生的時候，爺爺已經不在世，父母給他取的名字是雅彥。他們的名字中都有個彥字，並不是行輩的，雖說是只隔一衣帶水之鄰邦，日本人從來沒學過中國人給子孫取名的方法。儘管如此，長男、次男既然都叫做克彥、雅彥了，再隔四年出生的三男，似乎也應該叫做某彥了吧。記得當時在日本電視界，有個走紅的主持人叫前田武彥，時年才四歲的大弟都挺熟悉，因此當大家討論應該給小弟取什麼名字的時候，大弟就很興奮地主張：叫他新井前田武彥好了！顯然，小朋友不知道前田是人家的姓氏。

父母把三個男孩命名爲克彥、雅彥、猛彥，反映出他們對每個兒子的期待，畢竟日本人普遍信仰言靈，即語言內在的神靈。然而，叫克彥的哥哥長大以後性格軟弱，叫雅彥的大弟卻從小學柔道，一點都不文雅，至於猛彥則有百分之百的文人氣質，唯一從事過的體育活動是一個人默默跑的馬拉松。可見，父母的許願並沒有得償。

我的小阿姨和婆婆，都叫做和子。我長期以爲是她們在日本昭和年號的時代出生，因而長輩給她們取的名字叫做和子的。可是，冷靜想想，婆婆是昭和十三年，小阿姨則是昭和十七年才出生的，並不是剛剛改元後不久誕生的孩子。換成西元的話，她們出生的年份則分別爲一九三八年和四二年，也就是日本軍國主義如火如荼的年代。於是我猜想，其實她們的父母是私下許願了和平年代早日到來，萬一被別人批判說違背國策，就可以解釋道：並不是那個意思，而是紀念偉大的昭和年代！

總之，那時候的日本女孩子，很多都叫做某某子的。然而，歷史上，公元七世紀初從日本頭一次被派去見隋煬帝的外交官叫做小野妹子，而跟名字給人的印象不同，此人其實爲男性。一八六八年明治維新以後，日本人才開始把女兒叫做某某子的。這股潮流持續了大約一百年。

日語裡，擬態詞特別多。星星閃爍的樣子，一般說成キラキラ（kirakira）。著名的歐洲兒歌〈一閃一閃亮晶晶〉，日語歌名就是〈キラキラ星〉，歌詞唱：キラキラ星呀，你究竟爲何物？至於最近的流行語「kirakira name」，則是「閃亮名字」的意思。

日本人在一八六八年明治維新以後，開始把女孩子叫做某某子，恐怕跟近代學校制度施行，女孩子都開始上學有關。之前，在家做雜務、農活的女兒，隨便叫做熊啊、虎啊、菊啊、梅啊，都無所謂。然而，一旦要上學讀書，卻非得有正經八百的名字不可了。一九七○年代，我讀高中的日子裡，女同學的名字，大多仍然是：德子、聰子、紀子、惠子、敦子、孝子、雅子、智子、靖子、浩子等等，特合適於上學的名字。可見，當年的日本父母給孩子取名時的態度多麼老實認眞。

日本的明治安田人壽保險公司，每年都做新簽合約的嬰兒名字統計，並且把排行榜公諸於世。據統計，二○一二年出生的小朋友當中，最多女娃娃叫做結衣，其次叫陽菜，跟著是結菜、結愛、心春、心愛、凜、美櫻、芽依、優奈、美結。頭一百名裡，有「子」字的名字只出現兩個，即第二十六名的莉子和第四十七名的茉子。這些名字都不像上課用的學名，倒像女明星的藝名，於是被形容爲「閃亮名字」。

過去幾十年，日本人的名字上發生的急劇變化，最大的因素是：讀音越來越受重視。排行榜上頻頻出現的「結」「優」等字，日語裡的讀音跟英語「You」相同，給人以溫柔、暖暖的印象，因而受寵。然而，重視讀音的人，往往忽視漢字的字義。否則，爲什麼把女兒命名爲衣呀、菜呀、凜呀、奈呀，眞令人摸不著頭腦。這些年頗有人氣的男孩名字「蓮」，也主要是讀音「れん（ren）」討人喜歡，而並不是日本父母希望兒子將來在泥土裡掙扎。如今流行的名字有不少取自動漫作品。其實，蓮就是《通靈童子》裡登場的中國男孩名稱。

另一派父母則喜歡給孩子取洋味的名字。比如說，「溜菜」這個女孩名字唸成「るな（runa）」，跟羅馬神話裡的月亮女神一樣，只是派生出來的英文單字「lunatic」是瘋人的意思。估計她父母親取名字的時候，根本沒想得那麼遠。但願小朋友長大開始學英語以後，不會爲自己名字的英語涵義而煩惱，因爲在日本，正式改名不是一件容易的事情。

曾經在中國，有人問過我：妳的名字一二三，是否念成Do-re-mi?

猜得特有想像力，讓我很開心，但對不起，非也。也有人把我的名字寫成了一、二、三。拜託，請不要把人家的名字隨意拆開，好不好？總之，一二三這個名字看起來很像數字，實際上也是取自一套數字的：一月二十三日，即我的生日。

在日本，名叫一二三的並不少見，其中最著名的大概是將棋（日本象棋）的棋手加藤一二三。當他被授予「四段」資格之際，報紙上介紹說是加藤一二三四段，令人糊塗極了。另外也有現代音樂作曲家下山一二三、電玩創作者河野一二三等。

其他用數字取名的人物，有十九到二十世紀的海軍上將山本五十六，據說他是父親五十六歲時生的孩子。著名的童謠、民謠塡詞人西條八十呢，則是爲了不讓他吃苦，他父親特地避開「九」（日語讀音「く ku」跟「苦」相同）字，專門用「八」和「十」兩個字取了名字的。除此之外，還有和歌詩人上田三四二、棒球選手高橋一三和關本四十四、《釣魚迷日記》等漫畫的原作者山崎十三、已退休的外交官藪中三十二等等。所以，叫一二三的在日本並不孤獨，只是上述的幾位全是男性，別人看了我名字也往往誤解爲男性罷了。

以《蒲公英》等電影聞名的伊丹十三導演，原名叫做池內義弘，最初作爲演員出道的時候，曾用過藝名叫伊丹一三。那是從他父親，電影導演伊丹萬作那裡繼承了姓氏，從阪急電鐵和寶塚歌劇團的創業老闆小林一三那裡繼承了名字的。他跟女演員宮本信子結婚的時候，卻宣布「從此要把減號換爲加號」，便改名爲伊丹十三了。他們婚後生的兩個兒子，大的叫做池內萬作，小的叫做池內萬平，顯然表現出伊丹對數字的執著。

在日本，用數字取的名字歷來不算稀奇，並不屬於如今流行的閃亮名字之類。例如，我的名字一二三，大部分日本人一看就知道是什麼讀音。相比之下，一些閃亮名字猶如猜燈謎，普通人看了也不知道該怎麼唸，甚至有醫生團體被逼著發布聲明說：救護車趕到的時候，或者病人直接到急診的時候，都要馬上登記姓名的，如果名字太閃亮、太難讀的話，就會影響到救命效率。說得也是。比方說，單板滑雪明星成田兄妹，哥哥叫童夢（ドーム domu、Dome），姐姐叫夢露（メロウ mero、Mellow），弟弟則叫綠夢（グリム gurimu、Grim），都不是日語一般的讀音。最近夢露給剛生的女兒取名字叫眞里愛，是要唸成マリア maria（Maria）的，還是有點兒太閃亮了吧？

新書

しんしょ shinsho

日本所謂的「新書」是一九三八年岩波書店參考英國鵜鶘叢書的格式，創刊「岩波新書」開始的，版型定為長一八．二公分，寬一〇．三毫公分，內容以普及新進知識為目的，找各領域的專家來為一般讀者寫深入淺出的小書。

我在日本出的第二本書，叫做《中國語は面白い》，翻成中文是「中文眞好玩」。

讀者也許奇怪「面白」怎麼會是「好玩」的意思。查查看日文語源詞典，「面白」的原意爲「眼前發白」，也就是跟中文「漂亮」有互通之處，乃把心情作用轉換爲視覺作用的。只是，中文裡用「漂亮」一詞來形容美麗的人和物，日文裡卻用「面白」一詞來形容好玩、有趣、可笑的人和物了。

《中國語は面白い》是講談社編輯田中先生取的書名。我自己提議的是「中文是通行世界的護照」和「駛向中文大海」，因爲該書的主題是：中文猶如哆啦A夢的任意門，學好了中文，就能擴大自己的世界。但編輯先生說，我提議的書名也許合適於散文隨筆，但這本書要作爲「講談社現代新書」之中的一本而出版，因此要多點知識性。

日本所謂的「新書」是一九三八年岩波書店參考英國鵜

鵬叢書的格式，創刊「岩波新書」開始的，版型定爲長一八・二公分，寬一〇・三公分，內容以普及新進知識爲目的，找各領域的專家來爲一般讀者寫深入淺出的小書。「講談社現代新書」系列則於一九六四年創始，曾出過許多長期暢銷書，如人類學家中根千枝的《縱式社會的人際關係》、社會學者阿部謹也的《〈世間〉是什麼？》等等。

日本多數書店都把一部分書架專門留給各出版社的「新書」，以便讀者來找長期暢銷書，也順便看看其他「新書」。「講談社現代新書」出版過一系列有關外語的書：《義大利語入門》《西班牙語入門》《德語入門》《葡萄牙語入門》《拉丁語入門》等等，光是有關中文的就有《中國語入門》《推薦中國語》《猜謎中文語法》。所以，我的書也要圓滿融入於既有書的隊伍中，故此標題既不可以太突出，又不可以太低調而直接埋沒於既有書的大海裡。「講談社現代新書」已經出版了兩千兩百五十六本書（二〇一四年三月爲止），並且在這些年的「新書熱潮」中，還保持著一定的地位。

我寫的《中國語は面白い》是「講談社現代新書」的第一千七百五十三本，從出版到今天將近十年，仍在書店架子上占著位置。如今單行本的壽命很短，相比之下，「新書」的壽命可說相當長。所以，從作者的角度來說，即使在書名上讓點步，也希望能加入「新書」隊伍中，盡可能使著作延長壽命，雖然平裝「新書」的價錢歷來比單行本便宜，導致作者得到的版稅也低。過去日本有過很多專業作家，如今越來越多是大學教員兼差的。有了固定的收入，就不用計較稿費版稅的多寡。於是業績不如意的出版社寧願找大學教員約稿，結果搶了專業作家的飯碗。這只能說是出版不景氣導致的惡性循環。

中吊

なかづり
nakazuri

據說，最早的中吊是一八七八年，也就是日本最早的鐵路在東京新橋和橫濱之間開通後的第七年，藥品商掛的「鎮嘔丹」廣告。當年很多人不習慣坐火車，一坐就暈車想嘔吐，於是在車廂裡推銷「鎮嘔丹」，很多人願意去購買。

東京市區既有地鐵又有區域鐵道，兩者加起來總距離達五二〇．九公里，結果日本首都每一平方公里的土地上，平均有一．〇一公里的鐵路。就公共交通網完善的程度而言，東京凌駕倫敦、巴黎、紐約。果然，在東京市區上班、上課的人，八成以上都利用鐵路。那麼多人天天都在車廂裡消磨不少時間，聰明的商人就不會錯過向他們推銷商品的機會。於是出現了從車廂天花板掛下的「中吊廣告」，簡稱中吊。

據說，最早的中吊是一八七八年，也就是日本最早的鐵路在東京新橋和橫濱之間開通後的第七年，藥品商掛的「鎮嘔丹」廣告。當年很多人不習慣坐火車，一坐就暈車想嘔吐，於是在車廂裡推銷「鎮嘔丹」，很多人願意去購買。後來，很多路線上，都有了中吊廣告。尤其一九六〇年代後，中吊裡週刊雜誌的廣告占的比例最高了。

日本的週刊雜誌，有針對中產家庭的《週刊文春》《週刊朝日》《SUNDAY每日》《週刊新潮》等、針對中老年男性的《週刊現代》《週刊POST》等、針對女性的《週刊女性》《女性自身》等、針對年輕男性的《週刊SPA!》《週刊PLAYBOY》等、著重經濟新聞的《週刊DIAMOND》《週刊東洋經濟》等、著重八卦新聞的《週刊大眾》《週刊實話》、以狗仔照片爲主的《FRIDAY》等。

因爲種類非常多，每週買同一份雜誌的固定讀者不算很多，大多數是在通勤、通學時間裡看看車廂裡的中吊廣告後，才決定這星期要買哪一份雜誌的。所以，中吊廣告往往誇大內容，用大號鉛字來強調搶眼的字詞。有個電視節目，把各份雜誌的中吊廣告集合在一起，比一比各自的內容和推銷效果，最後決定當週的「中吊大賞」，可見此類廣告媒體被日本人接受的程度。

對不少日本人來說，每天在鐵路上花的時間是生活中最自由的時光；既沒有家人干涉，又沒有上司、同事干擾，只要能夠占個位子，就可以盡情翻雜誌胡思亂想。有些雜誌因爲包括不健全的內容，不方便帶回家看，只好在車上匆匆翻完後丟在車站垃圾筒了。也有的雜誌，即使在車上看都要顧慮旁人的視線，於是正經人不敢買，只好看著中吊上的煽情文字，在腦子裡想像究竟內容會多麼不正經。

攜帶

けいたい keitai

相比之下，日本人從一九八〇年代起，一貫傻乎乎地用「攜帶電話」或「攜帶」的稱呼。至於家裡、辦公室裡的室內電話，也向來沒有外號暱稱之類，就老老實實地叫它為「電話」的。

日語單詞「攜帶」是「攜帶電話」的簡稱，也就是中文手機的意思。於是，漢語課本上寫的「我今天沒有帶手機」一句話，叫學生翻成日文，就要變成「私は今日攜帶を攜帯していません（私今日攜帶把攜帶無）」了。

不過，做教員的首先得讓學生明白：簡體字寫的「手机」指「手頭上的機械」而不是「手頭上的桌子」。因爲日文中的「机」字，意思等同於茶几的「几」字，至於機械，則仍舊寫成正體的「機械」。所以，普通日本人看到「手机」一詞，往往會想像出來，能夠放在手掌上的迷你桌子，猶如安徒生童話裡的拇指姑娘用來看書寫信的可愛家具，或者玩具店賣的森林家族系列商品之一。

記得手機剛出現的時候，香港人曾稱它爲「大哥大」。當時的手機跟之前的無線對講機一般大，而且價錢貴得只有大腕買得起，再說初期產品的外殼幾乎都是黑色的，港人叫它爲「大哥大」不無道理。不過，那畢竟是指黑道頭頭的圈內俚語，上不了檯面。果然，新技術傳播到台灣、中國等其他華人地區去了以後，「大哥大」的名稱遭到嫌棄，一時有人稱它爲「行動電話」，也有人稱它爲「手提電話」「移動電話」等，最後「手機」一名占了永久性優勢。也不奇怪，「手機」的命名實在具有預見性。最初專門用來通話的小機械，不久可以用來發短信、上網了。它的功能越來越多越複雜，直到被更聰明的智慧型手機搶位。

相比之下，日本人從一九八〇年代起，一貫傻乎乎地用「攜帶電話」或「攜帶」的稱呼。至於家裡、辦公室裡的室內電話，也向來沒有外號暱稱之類，就老老實實地叫它爲「電話」的。因此當我第一次在中國朋友的名片上看到「座机」一詞時，難免感到有點意外。人人都有「手機」的時代，還牢牢設在某一個地方的電話，難道已開始有什麼特別的意義了？否則爲什麼把老「電話」特地改叫成「座机」呢？這樣做，猶如用名字叫媽媽一般，教人覺得有點不安。

我在中國留學的年代，普通人家裡都沒有電話。若要跟市內的朋友通話，就得找附近的「公用電話」；若要打到外省、外國的話，則得到長途電話局去掛號，然後還要等候好幾個鐘頭。終於打通的時候，就會發覺線上竟有第三者在旁聽，不方便進行私密的對話。我對北京、廣州的長途電話局，至今有不可忘記的青春回憶。如今中國大陸八〇後、九〇後的年輕人，恐怕連想像都想像不到吧。更不用說通訊先進地區台灣的年輕人了。

講回即使「私今日教科書把攜帶無」都絕不忘記「攜帶攜帶」的日本大學生們，對我講的中國電話史，好比聽了《天方夜譚》一樣目瞪口呆，顯然不知老師在說實話呢，還是在吹牛呢。

Yankee

{ヤンキー yankii}

Yankee一詞登陸日本，應是一九四五年夏天的事情。日本老百姓第一次親眼看到了嚼著口香糖開吉普車，把好時牌（Harshey's）巧克力慷慨發給戰敗國孩子的美國士兵。

日本有個著名精神科醫生叫齋藤環（一九六一～），是青少年問題的專家，尤其對隱蔽青年或者御宅族文化等課題造詣頗深，主要著作有《社會性隱蔽》《戰鬥美少女的精神分析》等。他二〇一二年出版《如果世界是週六晚上的夢——Yankee與精神分析》，書中探討如今日本社會上普遍存在卻甚少被討論的文化族群：Yankee。

說到Yankee，讀者大概會想到歷史可追溯至美國南北戰爭，主要指北部白人的美式英文俚語。然而，在當代日語中，Yankee一詞的狹義是：主要棲息於日本小地方的流氓、阿飛、小混混。廣義則是：來自他們的服裝、價值觀念、生活方式。日語版維基百科就把這一詞寫成「Yankee（不良少年）」，以便跟美國Yankee分別開來。Yankee一詞在日本始終用片假名音標書寫成「ヤンキー yankii」，而沒有對應的漢字。

雖然其名稱明顯發源於美

國，但是如今多數日本人，尤其屬於該圈子的人，認眞以爲Yankee是日本獨特的文化現象。個中顯然有掛漢堡招牌賣壽司般的語義顚倒。無論如何，這一圈子的勢力在當下日本社會越來越大。齋藤環在著作裡引用已故橡皮版畫散文家南希關的話說道：至少五成日本人傾向於Yankee文化。

Yankee一詞登陸日本，應是一九四五年夏天的事情。日本老百姓第一次親眼看到了嚼著口香糖開吉普車，把好時牌（Hershey's）巧克力慷慨發給戰敗國孩子的美國士兵。對於美國占領軍，當年日本人抱著很矛盾的感情：一方面有對敵人的仇恨，另一方面有對先進國家的崇拜；一方面有對小兒式輕浮文化的輕蔑，另一方面則有對豐富消費文化的憧憬。最後，軍事力和經濟力決定了勝敗。前後七年的占領時期裡，美國式服裝、髮型、音樂、交誼舞等風俗席捲了整個日本社會。早逝的影星詹姆斯・狄恩、貓王艾維斯・普利斯萊成了日本年輕人的偶像。美國式自由、民主、雙性平等則成了日本知識分子的理想。

一九五二年，占領結束，卻通過新簽訂的日美安全保障條約，美國海陸空軍部隊在日本留了下來。反對軍事同盟的日本左派人士，在示威遊行中，經常喊著「Yankee, go home!」的口號。稍帶貶義的Yankee一詞開始在日本被廣泛使用，乃從一九五〇到六〇年代的反美政治運動中。

後來，日本社會的反美意識逐漸淡化。到了一九七〇年代，聚集於東京新宿等鬧區跳迪斯可舞的小夥子們，已經漠不關心政治，卻視駐日美國士兵為時裝和流行文化的榜樣了。美國阿兵哥往往出身於黑人社區、中南美移民社區等社會階層，結果美國藍領階級的打扮成了日本年輕人的時裝模範。由於來東京鬧區享樂尋歡的美國兵很多都屬於橫須賀港海軍基地，他們穿著的服裝式樣當初被稱為「橫須賀曼波（よこすかマンボ Yokosuka Mambo）」，後來改稱了Yankee。齋藤著作的標題所暗示的美國影片《週末夜狂熱》（一九七七年），以工人階級義大利移民為男主角，對日本青少年的影響可不小。

話是這麼說，如今日語Yankee一詞的涵義中，能歸於美國藍領階級文化的大概只有三分之一而已，剩下的三分之二則來自一九七〇年代風靡一時的「暴走族」（飆車族）文化，以及同一時期在各地中學的問題少年之間特別流行的改造學生服等「突張（つっぱり tsuppari）」現象。

日本暴走族騎非法改造的摩托車夜裡舉行集會，進行非法競賽。他們往往紮著太陽旗頭巾，也穿上俗稱「特攻服」的搶眼緞子衣裳，背後刺繡著「愛國」「神風」「尊皇」等等國粹主義詞語，口味上明顯跟黑社會分子有共同點：寧願難看也一定要引人注目。於是不分男女都剃光眉毛，把頭髮染成純金色，把自己打扮成盡可能恐怖的模樣。總的來說，Yankee的形象，與其說親美，倒不如說是土裡土氣的日本右派。

讀者大概會覺得奇怪：Yankee到底是親美還是日本國粹？問題在於：第二次世界大戰以後的日本

右派一直以親美為主軸；因為想要在戰敗國的政壇上占到位置，沒有其他途徑。果然齋藤環也在書中揭破道：產生了Yankee族群的社會背景，不外是戰後日本人對美國愛恨參半，難以自拔的矛盾心情。為證明這一點，他就舉了在日本娛樂界稱霸的傑尼斯事務所老闆Johnny喜多川的例子。

喜多川作為日本移民的次子，一九三一年在美國洛杉磯出生，太平洋戰爭時期被關在敵國移民收容所，後來搭乘日美公民交換船回日本老家避難。戰爭一結束，他就回洛杉磯，在當地高中和大學畢業。一九五二年，喜多川作為美國公民任職於駐日美國大使館軍事顧問團，業餘時間在東京代代木的美軍宿舍「華盛頓高地（Washington Heights）」院子裡，當上了日本少年棒球隊的教練。一九六二年，他從球隊裡選拔出幾個美少男組織了Johnny's樂團。如今稱霸日本娛樂界的傑尼斯事務所（經紀人公司）被喜多川栽培走紅的美少年歌手數不清，包括日本歌壇帝王SMAP的木村拓哉在內。齋藤環認為，木村表達出來的思想和態度，包括跟一看就是Yankee的歌星工藤靜香結婚生育，都明顯的非常Yankee。而那是Johnny喜多川傳給他們的價值觀念。

齋藤環也指出：Yankee文化最明顯的特徵是反知性主義。他們最常用的詞是「氣合（きあい kiai）」即拚搏，不管三七二十一，只要拚搏凡事就會成功什麼的。所以，分析Yankee的政治傾向是親美還是日本國粹，恐怕不大有用。他們只不過是在既定的、非常矛盾的社會體制裡，找方法生存而已，正如

Johnny喜多川的經歷一樣。換句話說，Yankee文化沒有本質。

也就是說：Yankee不是一種意識形態，而是一種生存狀態。隨著光陰流逝，他們喜愛的服裝和音樂都變來變去，如今自然也包括嘻哈了。然而，他們在日本社會的地位卻始終沒有變：底層。億萬富翁如Johnny喜多川或者木村拓哉，怎麼會屬於底層？日本社會裡的地位並不是單單根據財富而定的，血統、文化水平等因素也一樣重要。傑尼斯事務所一貫有老闆把屬下美少年當作變童癖對象的傳聞，好比是近代以前的科班，給八卦報刊不停地提供話柄，始終得不到良民社會的認可。這也正是Yankee文化至今甚少被討論過的原因之一。自任屬於社會高層的知識分子們對它不是嗤之以鼻就是故意忽視，因爲對不少知識分子來說，擺脫Yankee文化充斥的鄉下小鎮或者社會底層，才是他們要在首都文化界謀個位置的最大動機。

從研究建築史出發，發現Yankee在日本各地無處不在的普遍性，於是就聯繫社會學、媒體論、文化研究等不同領域的專家，編成了《Yankee文化論序說》（二〇〇九年）的五十嵐太郎，則在該書的導讀裡就寫道：Yankee文化是被壓抑的日本精神之潛意識。由於是潛意識，從本質就上不了檯面；由於是潛意識，就揮之不去。

一九七〇年代，經濟高速成長後的日本社會，曾以「一億總中流」自居。傳統上傾向於集體主義的國家裡，大家都不希望擴大落差，於是把城鄉差距、白領藍領差距都隱蔽起來，一時眞看不到了階級分化。那是日本被評爲「比社會主義國家還要社會主義」的年代。日語裡消滅了「職工」一詞，乃公司裡不強調職員和工人的區別所致。當時的日本工薪族都穿上同樣的西裝，利用一樣的交通工具上班，有人在辦公室裡做事，有人在工廠裡換衣服做事，下班出來時候的樣子又沒什麼不同，一起去站前居酒屋聊聊，最後回到同一棟家屬宿舍，即此間所謂的「社宅」（民間企業）或「官舍」（公家機關）休息去。當然，實際上，白領和藍領的工作內容是不一樣的，而那也是兩者學歷之不同所致。但是，經濟成長中的社會裡，藍領職員的下一代很有可能上大學成爲白領。一九六〇年代出生的我們這一代人，就是那樣子爬上了社會階梯的。

當時，在日本政界，社會黨一直是國會裡的第二大黨，共產黨和以社會底層爲基礎的佛教團體創價學會建立的公明黨，也有不可忽視的影響力。社會黨旗下的勤勞者音樂協議會（勞音），公明黨組織的民主音樂協會（民音）等團體，努力推廣西方古典樂等高尚文化，成功地提高了社會底層的人文素質。今天日本各縣市都有市民交響樂團、市民歌劇團等，可說是當年日本社會「大家一起建設文明新社會」的正面風氣所結下的果實。從另一個角度來說，第二次世界大戰以後的日本人曾對國家的何去何從有堅定的共識：非得擺脫封建落後的傳統文化，要進入講科學講民主講自由的西方文明世界。

那是有理想的年代。爲了進步，非得徹底否定古老迷信不可，何況在日本，傳統神道被軍國主義分子利用，導致無數本國人民以及鄰近國家人民的苦難。所以，戰後日本的知識分子，個個都從生活中排除了一切有可能牽涉到神道等傳統迷信的活動。具體而言，他們不穿和服，不聽不唱日本民謠，不去神社參拜，絕不參與廟會賽會等傳統節慶。反之，他們穿洋服，聽唱西洋音樂，把孩子送到教堂的教會學校去，過聖誕節、母親節等來自西方的高尚節日。考慮到第二次世界大戰以後的特殊語言環境，也許是不得已的選擇。誰料到，久而久之，卻導致了相當嚴重的副作用：日本知識分子普遍缺乏有關傳統文化的知識，而那又反過來使他們越來越脫離群眾文化。

這幾年，我每天早晨都打開電視機看公共電視台NHK的新聞節目《早安日本》，其中有五分鐘的時間介紹觀眾從日本全國寄來的短片。關於內容，電視台方面從不提出具體的要求，然而寄來播映的短片中，多半是拍攝了當地傳統的文化活動。給小孩子穿上和服跳舞，以祈求神仙保佑之類，與其說是宗教儀式，倒不如說是當地的社區活動吧。日本神道本來就是以泛靈論爲中心的原始宗教，沒有固定的教義也沒有特定的成文經典，所以連儀式的參加者都往往不知道個別動作的意義何在。曾經軍國主義時代，日本政府推廣以天皇爲現人神的國家神道，但是一九四五年十二月被盟軍最高司令部禁止了。至今在日本，只有靖國神社還保留著國家神道時代的氛圍，其他全國約八萬八千所神社，則幾乎都回到了原始宗教狀態，留下的可說只有民間迷信。

例如，某一個早晨在《早安日本》中介紹占卜儀式，乃把幾根竹筒放在大鍋裡煮米粥，煮好後拿出竹筒來看裡面裝的米粥有多少，以占卜該年農產量將會如何。播報員說：這是在當地歷史超過一百年的傳統活動。實際上，肯定可追溯到更早以前去了，只是日本神社沒有留下文字紀錄的規矩，當地老百姓不知道歷史罷了。社區裡一定有些知識分子，但他們視此類民間傳統爲迷信、垃圾、毒草；被他們否定掉的傳統習俗，只好由基層民眾維持下來，如今寄給公共電視台播送至全國，似乎在潛意識地要求重新被承認。

齋藤環在《如果世界是週六晚上的夢——Yankee與精神分析》裡寫道：中學時期因爲學習成績差等原因參加小混混團體的一批人，被稱爲Yankee，以奇怪的服裝與飆車等危險行爲令父母老師皺起眉頭。然而，在他們的圈子裡，論資排輩、遵守內部規定等道德觀念卻相當受重視。再說，由於多數Yankee來自問題家庭，不分男女都傾向於早婚早生育。結果，二十歲以前統統都改邪歸正，從事正業經營小家庭，並且透過祭禮（廟會賽會等）活動，被當地社區接受，也往往更進一步參與消防團（義勇消防組織）等。換句話說，Yankee文化不僅起著把違規少年塑造成社區骨幹的矯正作用，而且起著維持社區治安的作用。這使我聯想到《早安日本》節目裡幾乎天天都介紹的傳統文化活動。原來，被知識分子否定的傳統，是由他們繼承下來的。如果是這樣，Yankee難道不就是日本民眾的別名嗎？

一九八〇年代初，日本曾有過一股「暴貓（なめねこ nameneko）」熱潮，乃穿上了改造的中學制服，紮好太陽旗頭巾，打扮成「突張」少年的貓兒照片以及有關商品，大量上市特受歡迎的現象。可見，Yankee自己要盡量打扮成可怕的樣子，嚇壞別人，然而由別人看來，他們卻始終充滿幽默感的。從一九八三年的流行歌曲〈Yankee哥哥之歌〉，也能看出來廣大社會對他們的不排斥，甚至愛護：

Yankee哥哥吐口水
Yankee哥哥剔眉毛
Yankee哥哥燙短髮
Yankee哥哥有哈巴腿
Yankee哥哥騎摩托車
Yankee哥哥蹲在路邊
Yankee哥哥穿女涼鞋

顯而易見，是十足的小流氓模樣。但最後一行中的「女涼鞋」提醒大家：他有個同居女朋友，打算遲早成家生子。齋藤環也說：Yankee文化有特別濃厚的家族主義。他們的生活扎根於從小熟悉的小地方，周圍有很多叔叔阿姨和老同學。他們一旦從正就樂意從事體力勞動，積極參加社區祭禮，爲街坊安全不惜生命。Yankee沒有去大城市的志向，沒有去首都東京的志向。齋藤環說他們有反知性主義，其實就是因爲學習成績差，教育程度低，所以沒有去東京等大城市上大學的選擇。即使曾經有理想的年代，不是所有的人都能夠在大城市的大公司或機關裡找到差事，參加勞音、民音舉辦的音樂會，成功地把下一代送到大學去，以便爬上社會階梯的。當年日本的大學生只占同代人口中的百分之二十而已；如今雖然比率高達百分之五十了，但對另一半日本人來說，世界始終是自己出生長大的那小地方。

男性的少女小說家嶽本野薔薇，二〇〇二年發表的《下妻物語——Yankee與羅莉塔》，以幽默的文筆描寫了日本鄉下Yankee少女的生活和意見。該作品也後來拍成了電影，由當年的兩位頂級女紅星深田恭子和土屋安娜攜手演出，並以《神風少女》的片名在法國坎城、香港、台北、高雄等地的電影節放映，據說獲得了世界影迷的好評。也不奇怪，因爲這是難得動人的少女友情故事。

日本出口海外的文化商品，很多都屬於御宅界，例如動漫作品以及美術家村上隆的繪畫雕塑等。

屬於Yankee文化的商品，如特殊的服裝、報導當下流行的雜誌、反映小鎮校園生活的影視作品等，一般都專門針對日本國內市場，很少被介紹到國外去。《下妻物語》可說是少有的例外之一。

在影片裡，土屋安娜飾演的「草莓」是日本東部茨城縣的農村下妻市的高中女學生。她把頭髮染成金黃色，口紅塗得比嘴唇大兩倍，始終嚼著口香糖，隨地吐口水，穿上「特攻服」，騎違法改造過的小摩托車，並很榮幸身爲女飆車族「鋪爾威帝劉（ponytail＝馬尾）」的成員。少女飆車族團體爲何叫馬尾，又爲何用漢字寫來竟成爲「鋪爾威帝劉」，都只能往反知性主義方向去尋找答案了。跟她成爲好朋友的「桃子」則是羅莉塔派少女。她討厭自己的父親，因爲他是個生長在大阪郊區尼崎的道道地地Yankee，所以寧願作著生活在法國洛可可時代的夢，天天穿上用大量蕾絲和緞帶做的華麗服裝，也打著蕾絲陽傘，在日本鄉下的農地裡走路。乍看之下，「草莓」和「桃子」是兩個極端。然而，實際上，兩個人都在傳統文化被否定的日本社會裡，找個相對合口味的式樣打扮起來，並按照服裝式樣所指示的既定路線，說演戲也好說做人也好，就是消耗青春到高中畢業變成社區骨幹爲止。

《下妻物語》的作者不是個Yankee，正如齋藤環和五十嵐太郎，連我都不是Yankee一樣，所以作品裡難免有稍微嘲弄Yankee文化的味道，幸好不太嚴重。從語義上，Yankee是不會書寫社會評論、創作長篇小說、拍攝電影作品的族群。他們至多拍五分鐘的短片寄到公共電視台罷了。換句話說，

Yankee是日本的subaltern即次等階層。但，偏偏就是他們，過去六十多年來，不怕知識分子的冷笑和輕蔑，把日本庶民的傳統文化繼承下來的。研究青少年問題的精神科醫生寫起關於Yankee的專書，恐怕是他們的存在感在當下的日本社會越來越增強的緣故。目前日本的政治狀況似乎顯示：戰後日本的社會體制已過了賞味期限。把自己國家的庶民文化，非得用外國統治者的貶義別名稱呼，如此顛倒扭轉的時代文化，實在令人哭笑不得。

陸

都市與家屋

隱家

かくれが
kakurega

隱家一詞，對不同的族群，會引起不同的聯想。如果是婚外情侶，大概就會想像出不易被別人發現的拍拖處。如果是內心不成熟的男人，則是回想小時候跟朋友玩的祕密基地之類。

我任職的明治大學理工學院，男同學的比率高達約八成；至於教員，男老師的比率更超過九成了。寥寥無幾的女老師們分布在不同專業的研究室，平時見面交談的機會不多，令人覺得很可惜。於是聯絡上各位女老師以及同一校區的農學院女老師們，每年一次大家聚一聚，要吃喝聊天過個愉快的夜晚。

有一年的場地是東京中野火車站附近，把老房子裝修好開張的一家日本餐廳，名叫圓樂中野莊。打開幹事傳來的郵件附上的網頁，廣告文案說：小巷裡鮮爲人知的大人隱家。啊，這原來是個隱家餐廳！

日語隱家，翻成中文是躲藏處，本來意味著被通緝的嫌犯藏身的地方，或者主動離開世間的隱士之寓所。這些年頭，隱家這個詞頗受男性媒體之寵。有份雜誌就叫做《男人的隱家》。它以中年以上有點閒錢的族群爲讀者對象，每期推出有關美食、美酒、旅遊、鐵路、飛機、建築、圖書、文具等等男性愛好的專題。雜誌名稱就公開謝絕女性讀者翻閱，內容亦甚少涉及到女性。天天工作勞累的日本男人，到了週末，往往沒力氣跟妻小過家庭生活，寧願一個人打開雜誌去夢想：如果有自由時間去實現這樣悠閒的生活會多麼好。

隱家一詞，對不同的族群，會引起不同的聯想。如果是婚外情侶，大概就會想像出不易被別人發現的拍拖處。如果是內心不成熟的男人，則是回想小時候跟朋友玩的祕密基地之類。對一群大學女教員來說，該是可以無所顧忌地談男老師或者問題學生的地方了。

當天下午六點鐘，站在餐廳門口，我才明白為什麼老闆用隱家這個詞來形容自己的店鋪。這是一棟有百年歷史的木造日式房子，最初是賣冰人家的鋪子兼住宅。為了不讓陽光射進來融化冰塊，門面上沒有窗戶，入口是一個人勉強才能側身進去的小洞。外邊也沒掛著大招牌，所以除非事先在網路上查過，否則想像不到裡面其實是一家餐館。

我們一行約二十個人包下了樓上的空間，吃了由冷盤、刺身、牛肉水菜沙拉、蘿蔔煮肉片、小燒烤、小魚飯、抹茶慕斯、紅豆雪糕組成的套餐。飲料方面則有啤酒、清酒、甘薯燒酎、紅酒等。日式老房間沒有椅子，鋪了蓆子的地板上放著一人一塊坐墊。若有外人或者男性在座，非得跪著坐以保持體面了。幸好，這晚在隱家二樓的都是女性而且算是自己人，穿裙子的往前伸腿，穿褲子的乾脆盤腿，人人都以自由自在的姿勢，吃呀喝呀聊呀笑呀，過了個愉快的夜晚。

文化住宅

ぶんかじゅうたく
bunkajyuutaku

文化住宅是一九二〇年代以後流行的和洋折中建築，乃在日式房子的基礎上加添了西式餐廳和會客廳的。

我是一九六二年在東京新宿出生的，兩年後舉辦的東京奧運會算是最早的記憶。並不是記得具體的比賽內容，而是至今能記起來大人們談及奧運時候的興奮氛圍以及我家當時住的房子。那是只有兩個房間的木造平房，另有玄關、廚房、洗澡間，面對院子的走廊盡頭還有蹲式的廁所，估計是第二次世界大戰以後蓋的簡便房子。後來，父親在院子裡自行增建小平房而經營起印刷廠來，惹得房東火大。結果，父母在東京西部中野區買下了兩層高的文化住宅，舉家搬走。

文化住宅是一九二〇年代以後流行的和洋折中建築，乃在日式房子的基礎上加添了西式餐廳和會客廳的。傳統上，日本人不用椅子，吃飯讀書都在榻榻米上跪著進行。我家住在新宿的時候也一樣。但是搬進了文化住宅後，非得調整生活方式不可了：在餐廳裡擺放桌椅吃飯，在鋪著地毯的會客廳裡則設置一套沙發和洋櫃子，以便招待來訪的賓客。

當時，那棟文化住宅已經相當破舊，該是戰前建築沒遭到空襲而倖存下來的，給人印象猶如宮崎駿拍的卡通片《龍貓》裡小月和小梅姊妹跟學者父親住的老房子。會客廳裡，除了沙發和洋櫃子以外還有鋼琴，乃屬於老房主，但暫時留著慷慨地讓我們自由使用的。當時十多歲的我，平生第一次體會到：原來，人是住在什麼樣的房子，就過什麼樣的生活的。

和洋折中的文化住宅，除了餐廳和會客廳以外，還有一個房間，也在我們之前的生活中所沒有的。從廚房的後門走出去，到了洗澡間外邊有瓦斯開關的地方，就看得見簡陋的木造梯子了，爬上去上面有大約一坪的極小房間，梯子上面的一塊地板則可從裡面關上。這就是給女傭人住的宿舍。

在洗衣機、冰箱、吸塵器、熱水器、縫紉機等等家電尚未普及以前，日本的中產階級家庭都雇用著一、兩個女傭。看夏目漱石、太宰治等近代與現代作家寫的小說，主人翁家庭一般都有年輕或年老的女傭人住宿工作。若是年輕的話，到了結婚年齡就辭職出嫁，若是年老的話，說不定要在雇主家度過晚年，好比劉德華主演的許鞍華電影《桃姐》。然而，第二次世界大戰以後的日本社會，採用起美國小家庭模式來，家務得由主婦一手包辦了。至於從鄉下來東京要掙錢的小姑娘們，則改去工廠當女工。

後來的日本城市流行住高級公寓，今天多數家庭都住著水泥大樓裡二到四房加二廳的空間了。一度令人憧憬的文化住宅早屬於歷史。恐怕如今的年輕人根本不知道，從前的日本房子曾在廚房上藏著個神祕的女傭臥室。

百葉窗商店街

シャッターしょうてんがい
shatta-shotengai

朋友以外國人的眼睛看日本，似乎清楚地看到當地人潛意識地要迴避面對的現實。

前陣子，一個中國朋友來日本自助旅遊，周遊了日光、伊豆等東京周邊幾個景點以後到了東京，告訴我說：日本哪兒也沒有人，在很多旅館，我是唯一的住客，很不好意思讓廚師光為我一個人做幾道菜，所以後來都在外面用餐，或者在便利商店買吃的帶回旅館了事。

他上一次來日本，則周遊了大阪、奈良、京都、紀伊半島等關西地區後抵達了東京，也一樣報告說：日本除了東京、大阪和京都市東部以外，似乎看不到人影，到底人都哪兒去了？當時我回答說：鄉下人口很多是老人，不常出來走路的，即使有事出去也要開車，路上見不著人影並不奇怪呢。可是，這次朋友玩的地方卻都是離東京不遠而相當著名的景點。

日本上班族和學生都一年裡只有三次機會旅遊：元旦前後、五月黃金週、八月中旬盂蘭盆節假期。其他時候，則很難自行放假了。所以，無論是往國外出發的飛機場，還是搭乘各條新幹線的重點火車站，抑或通往家鄉、觀光地的高速公路，都是一年裡只有那三個星期才會呈現人山人海、搶票、塞車幾十公里的局面。旅遊業淡季能夠去旅行的，只有已退休，領養老金，身體還健康的六十幾到七十幾歲男女。我父母十年前也幾乎每個月都參加旅遊團，去了國內、國外的觀光地。可是，如今父親已不在世，現年七十八歲的母親最近說：前些時候還一起去旅遊的老同學們，過去的一年裡一個又一個地去世或者患上老人癡呆症，看樣子快要輪到我了，好不令人喪氣。

朋友以外國人的眼睛看日本，似乎清楚地看到當地人潛意識地要迴避面對的現實。日本人口已於二〇一一年開始減少。政府有關部門估計，今後國民人口長期下降，從現在的一億二七〇〇萬要減少到二〇六〇年的八六七〇萬。有人議論，人口減少不一定是壞事。但是，進入了二十一世紀後，我去日本各地旅行，在很多地方都看到幾十年前曾一度繁榮的站前商店街，一家又一家商店關門的結果，逐漸變成所謂「百葉窗商店街」的樣子。雖然城市也跟生物一樣，有時繁榮也有時衰退，但是親眼看到一個又一個城市衰退甚至死亡，還是叫人好心痛。

二〇一三年以電視連續劇《小海女》暴紅的劇作家宮藤官九郎，二〇〇二年就寫過以東京灣邊千葉縣木更津市為背景的電視劇《木更津貓眼》。老公的父母妹妹一家人從大阪來東京迪士尼樂園之際，我們順便去那裡走走。就是那時候我平生第一次看到了大白天在火車站前的大馬路上，眞的是沒人走路的近未來科幻片一般的景色。

大店法 vs. 大店立地法

{だいてんほう、daitenhou だいてんりっちほう daitenricchihou}

沒有了大店法的保護，舊的站前商店街轉眼之間就變成了百葉窗一條街。這變化不僅打擊了各家小商店的生意，而且導致不會開車的老年人在市中心被孤立起來，成為購物難民的困境。

一九八〇到九〇年代，我旅居加拿大的日子裡，每次坐朋友開的車去外地旅遊，每半個鐘頭就經過看起來彼此挺像的小鎮，都具有一樣的幾家商店：加拿大輪胎五金店、麥當勞漢堡快餐店、必勝客披薩店、貝殼牌加油站、西爾斯百貨公司、旅行終點汽車旅館。當時我覺得：非常北美。因爲北美大陸地方大，人口密度低，而且歷史短，所以沒有老式歐洲或者日本那樣充滿歷史感的小鎮裡，很有個性的老字號小店鱗次櫛比的景色。不料，沒幾年工夫，日本各城市的郊區公路邊也出現類似的景色了。

一九七三年，日本國會通過了大規模零售店鋪法，俗稱大店法，爲的是在大資本新興超級市場的進攻下保護小規模個人商店。然而，美國一直向日本政府施壓，要求取消大店法，以便美國零售業能打入日本市場。一九九〇年，美商玩具反斗城要在日本開設第一間店鋪，卻遇到了大店法的障礙。幾乎同時，柯達攝影器材公司也把日本封閉市場的案件帶到世界貿易組織起訴。結果，在經濟全球化的潮流下，日本被迫妥協。原有的大店法二〇〇〇年被廢除，以新的大規模零售店鋪立地法，俗稱大店立地法代替。

雖說兩個法律的名字很像，但是彼此的精神可說正相反。在新的大店立地法下，無論是國內公司還是外商，都能自由開設大規模商店了。之前，日本各城市以火車站爲重心，小規模商店鱗次櫛比的站前商店街，曾不僅是當地經濟活動，而且是居民社會生活的中心。可是，二〇〇〇年以後，越來越多大規模商場在郊區幹線道路邊開張，促進了跟北美一樣開車過去一口氣購物、用餐、玩樂，把手頭上的錢都花在同一屋簷下的消費方式。

沒有了大店法的保護，舊的站前商店街轉眼之間就變成了百葉窗一條街。這變化不僅打擊了各家小商店的生意，而且導致不會開車的老年人在市中心被孤立起來，成爲購物難民的困境。再說，本來走路去買東西的居民都開車去郊外購物了，對環保也很不利。

二〇〇三年我去宮藤官九郎電視劇《木更津貓眼》描寫之背景看到的鬼城狀態，正是早三年成立的大店立地法所致。十年過去，我聽到一則消息：木更津新開了超級大商場三井奧特萊斯購物城，以一七一家店鋪要吸引從東京、川崎，甚至國外來的購物客。可在那一七一家裡，究竟有沒有當地人開的店呢？

東京五輪

とうきょうごりん
tokyogorin

一九六三年六月二十三日，即國際奧林匹克日當天問世的〈東京五輪音頭〉，光是三波春夫的唱片都賣了一百三十萬張。

東京獲得二〇二〇年奧林匹克運動會的舉辦權，報導此事的日本報紙標題裡都看得到「東京五輪」一詞。日文所謂的五輪，指的是奧運會的五環會徽：藍、黃、黑、綠、紅，五色環圈分別表示澳洲、亞洲、非洲、歐洲、美洲，世界五大洲的友好和團結。該會徽是現代奧運發起人，皮埃爾・德・顧拜旦男爵設計，在一九一四年的國際奧運委員會成立二十週年典禮上，正式決定為會徽的。

在日本，五輪一詞代表奧運會，據說是一九三六年讀賣新聞記者川本信正開始的。他在採訪過程中，看到由五色環圈組成的會徽，想起十七世紀日本著名的劍術家宮本武藏寫的《五輪書》來，匆匆在筆記本上寫下五輪一詞。本來算是一種個人化的速記，誰料到，第二天的報紙中出現的五輪一詞，馬上就普及到日本全國去了。

上一次的東京奧運會是一九六四年舉行的。當時我年紀還很小，對此記憶不是很多。不過，對當年很流行的〈東京五輪音頭〉一曲，卻印象特別深刻，恐怕因爲事後多年都常在電視上看到了著名歌手三波春夫演唱這一首歌的場面。

一九六三年六月二十三日，即國際奧林匹克日當天問世的〈東京五輪音頭〉，光是三波春夫的唱片都賣了一百三十萬張。倘使其他歌手，如橋幸夫、三橋美智也、坂本九、北島三郎等人唱的版本都加起來的話，總銷量就達到了三百萬張，可見當時的人氣多麼高。果然，一九六四年的除夕夜，日本廣播協會電視台例行播送的「紅白歌合戰」節目中，總結一年的最後一首歌，就是三波春夫的〈東京五輪音頭〉了。

那天在羅馬展望的月亮／今天照耀東京了／過了四年再相見／說的承諾不是夢／不是夢／奧林匹克的臉和臉／哎呀，哎呀，臉和臉

等待許久的世界節慶／從西方東方各國家／渡過北空又南海／到了日本來臨了／奧林匹克的大場面／哎喲，哎喲，大風度

這首歌的旋律和歌詞，相信現在五十歲以上的日本人都還記得，正如我們都永遠不會忘記一九七〇年大阪世界博覽會的主題曲〈世界國家你們好〉。那首也是三波春夫歌唱而賣了一百四十萬張唱片，如果把其他歌手唱的都算入，總銷量就達到了四百萬張。第二次的東京五輪，是能引起國民跟那

些年一樣的熱情，現在還很難說。不過，至少我女兒已經好期待著七年以後考上大學，利用暑假去當東京五輪的義工了呢。

新歌舞伎座

しんかぶきざ
shinkabukiza

第一代歌舞伎座開業於一八八九年，後來遭到了一九二三年的關東大地震、四五年的美軍轟炸等造成的數次破壞，在一百二十五年的歷史裡，共改建四次，真是忙極了。

有機會去了二〇一三年春天竣工的新歌舞伎座看戲。位於東銀座的劇場，離東京地標，小津安二郎電影如《東京物語》裡時常出現的銀座四丁目交叉口精工舍鐘塔，走路五分鐘就到，可說地點很理想。我們前一次來這裡，乃四年前，一九五一年開張的第四代劇場快要關門改建的時候。

第一代歌舞伎座開業於一八八九年，後來遭到了一九二三年的關東大地震、四五年的美軍轟炸等造成的數次破壞，在一百二十五年的歷史裡，共改建四次，眞是忙極了。我對第四代劇場的印象是：雖然純日本式的外表很合適於傳統的表演藝術，但是一進裡面，走廊太窄、樓梯太陡、女廁外的人龍始終太長，令人擔心如果大地震來了怎麼避難？這次建成的第五代歌舞伎座，據說保持了跟原先一樣的外表，可裡面究竟是什麼樣子，令人挺好奇的。

我們下午四時多一點走到新歌舞伎座的時候，天下著毛毛雨。看來日間演出剛剛結束，有些觀眾正從裡面走出來，有些觀眾則揮著晚間演出的門票要走進去。總而言之，我們在相當混亂的情況下，從大門走進去了。

大廳以鮮豔的紅色爲基調，左邊櫃檯賣著介紹劇情的小冊子，若要借聽解說的耳機，則得到右邊的櫃檯去，或者乾脆上手扶梯到二樓也行，那裡也有出租的。一切程序我都覺得特別熟悉，然後聽到老公說：哎，怎麼跟老劇場一模一樣？是的。從一樓、二樓、三樓的觀覽席布置開始，到禮品店、小賣部等的位置統統都跟原先一個樣。這樣子，老觀眾按照過去的記憶去走，也不會迷路。我們在二樓第五排的位子坐了下來環視四圍，最大印象就是：似曾相識。

那天演出的作品是根據夢枕獏的小說新改編的《陰陽師》，由著名演員第七代市川染五郎飾演主角安倍晴明，由人氣頗高的第十一代市川海老藏和第六代中村勘九郎，分別飾演配角平將門以及源博雅，可說是滿豪華的安排。只是，海老藏的父親第十二代市川團十郎不久前因白血病去世，勘九郎的父親第十八代中村勘三郎也年僅五十七歲就上了路。觀眾看著年輕演員們的熱烈表演，不由得想起他們的父親來。

我曾在上一代歌舞伎座看過勘三郎、團十郎的演出，都是討人喜歡的好演員。相比之下，海老藏現齡三十五、勘九郎三十一，連演主角的染五郎都才四十，承當起繼續發揚有四百年歷史的傳統演藝之責，肯定壓力很大了。於是觀眾給他們的拍手裡，或多或少含有鼓勵小一輩的成分。

檜舞台

ひのきぶたい hinokibutai

作為全世界唯一的歌舞伎專用劇場，大舞台用的建材，非得是跟伊勢神宮一樣的檜木。這種木材既香又耐用，日本人認為是最好的建築材料。

跟上一代歌舞伎座看來一模一樣的新歌舞伎座，讓我想起來伊勢神宮的式年遷宮。

祭祀日本皇家祖宗天照大御女神的伊勢神宮，自從公元六世紀直到今天，每二十年都拆掉舊的宮殿，在旁邊修建一模一樣的新宮殿，這程序稱爲遷宮。宮殿包括內宮、外宮、十四個別宮以及六十五棟殿舍和渡過五十鈴川的橋梁等，把全部都改建起來需要用一萬兩千棵檜樹（扁柏樹）。至於爲何需要每二十年遷宮，一般認爲：透過不停的改建，才能維持原來的模樣。那麼，第五代歌舞伎座盡量保持第四代的模樣，可說符合日本人持續傳統的方法論了。

其實，除了大廳和客席彷彿老劇場以外，新劇場在看不見的地方採用了很多新進的思想和技術。例如，原先得從地鐵東銀座站的外面走過來，如今卻可以直接走地下通道就能到了，而且增添了幾個電梯、手扶梯的結果，坐輪椅來也很順利了。再說，新劇場的客席比老劇場少了一些，為的是擴大每個客席周邊的空間，以致觀眾能夠在舒適的環境裡鑑賞節目。另外，還設置了太陽能發電裝備，以防萬一發生大地震導致供電斷絕。眞正遇到了大天災，新歌舞伎座也能容納三千人避難三天。最後，處處採用節能設備，一次演出需耗的電量，竟只是老劇場的一半了。

儘管如此，保持傳統才是改建歌舞伎座的基本精神。作為全世界唯一的歌舞伎專用劇場，大舞台用的建材，非得是跟伊勢神宮一樣的檜木。這種木材既香又耐用，日本人認為是最好的建築材料。日文中甚至有「檜舞台」的說法，乃是「大顯身手的人生大舞台」的意思。

新歌舞伎座用的檜木是在東京附近的丹澤山中，養了一百年的老樹。砍伐以後，花兩個半月時間，把共一千兩百棵原木，一一運到伊勢附近以生產和牛肉聞名的松阪去，之後以一天二十五棵的速度，細心地鋸成木材。歌舞伎座的「檜舞台」，一定要用最高品質的材料，所以從一根原木，只能取兩、三張木板而已。

日本人對檜木的著迷，也許外人不容易理解。著名神社的大柱子、飯店客房裝修、溫泉浴池，甚至做菜用的砧板等，最高級的統統都是用檜木做的，就是因為它看起來美，聞起來香，用起來耐用。我最近患上牙周病，醫生竟配給我「檜精」，護士解釋說：這種樹木的樹液有特強的抗菌作用，用來刷牙就能保持口腔乾淨。的的確確，用了一個月的「檜精」，原先動搖的牙齒都恢復健康，令人對檜木的實力刮目相看了。

柒

日文動植物園

龜屋和鶴屋

かめやとつるや kameyatotsuruya

東京有龜屋，大阪和京都則有鶴屋了。大阪的老字號鶴屋八幡一七〇二年開張，至今有超過三百年的歷史。

我姥姥名字叫鶴，妹妹則叫千鶴，都代表父母祝福女兒長壽的心情，畢竟日本有俗語說：鶴活千年，龜活萬年。兩種動物作爲長壽的象徵，頻頻出現於年初掛的日本國畫裡、老人用的陶器上等等。用鶴和龜來比喻長壽，顯然是從中國傳過來的文化現象。只不過，在中國文化裡，烏龜給人的印象似乎也有點滑稽，這一點卻沒有傳到日本來。

因爲龜和鶴是吉祥的動物，常常用來起商店的字號。尤其是甜點店，經售喜事食品的緣故吧，很多都叫做龜屋某某、鶴屋某某的。

在東京，一九三八年開張於自由丘的龜屋萬年堂名氣很大。創業老闆引地末治一九六三年去歐洲考察，在義大利羅馬的Navona廣場看到了多數市民參加的甜點節，印象極其深刻。於是回國後，推出了一種名叫Navona的新商品。這種甜點，一方面沿襲了日本傳統甜食銅鑼燒，也就是卡通人物哆啦A夢最愛的食品形狀，另一方面把東方式的紅豆餡改爲西方式的奶酪味、鳳梨味、咖啡味奶油餡了。東西折中的甜點正符合經濟高度成長時期的日本人口味，馬上成爲了暢銷商品。何況從一九六七年起，龜屋萬年堂也在電視上播送廣告，代言人是當年的棒球大明星，連續十三年樹立了全壘打最多紀錄的華裔選手王貞治。他穿著讀賣巨人隊的運動裝登場於畫面中說：龜屋萬年堂的Navona是甜點中的全壘打大王。那句廣告文在日本膾炙人口很多年。據說，把王貞治介紹給萬年堂的是創業老闆的女婿國松彰，他曾經也在讀賣巨人隊當過外野手的。雖然電視廣告早已結束，但是兩者的因緣一直持續，如今在福岡雅虎球場附設的王貞治棒球博物館裡，仍賣著剛慶祝了上市五十週年的Navona。

東京有龜屋，大阪和京都則有鶴屋了。大阪的老字號鶴屋八幡一七〇二年開張，至今有超過三百年的歷史。除了代表和菓子的銅鑼燒、最中、羊羹等通年性商品以外，每兩週還推出應時的甜點，全年種類達一百五十種之多，果然大阪人常買來當送人的禮物。有歷史的甜點店，在贈送禮品的規矩方面也頗有經驗知識，爲不同的場合準備不同的包裝紙和紅白繩子打結，絕不叫客戶在別人面前失禮丟臉的。

至於京都的鶴屋吉信則創業於一八〇三年，歷來經售當地傳統「京菓子」，乃用各種豆類、果仁、糯米粉等做成花兒形狀的甜點，在茶道聚會上是不可缺席的。

東京、大阪、京都三地的甜點鋪都生意興隆，該說龜屋、鶴屋的字號名不虛傳吧。

不苦勞

ふくろう

fukurou

原來在中文世界裡，貓頭鷹並沒有吉祥的意義，反之給人以不孝、奸詐、死亡、黑暗等負面印象。那麼，馬六甲唐人街的剪紙鋪，為什麼偏偏出售貓頭鷹花樣的帆布包呢？

有一次去馬來半島的古都馬六甲，在唐人街的剪紙鋪，買了個帆布包。那是個牛奶色的帆布上，印著紅色花樣的包包，看起來很可愛，而且老闆說：很耐用的，可以用一輩子。花樣有各色各樣的，我最後選了貓頭鷹的，邊付錢邊問問：是有吉祥意義的吧？老闆卻遲疑一下，說：日本人最喜歡貓頭鷹。

我當時選擇貓頭鷹書包的原因，是想起了西方有句成語說：密涅瓦的貓頭鷹在黃昏時刻起飛。那是著名哲學家黑格爾在《法哲學原理》一書裡引用過的。密涅瓦是古希臘、古羅馬神話中的智慧女神，在她身邊的貓頭鷹則象徵理性，似乎很合適於裝書的包包吧。再說，我也想起來了，多年前度蜜月去義大利的時候，是在米蘭轉機坐密涅瓦航班往翡冷翠的。

誰料到，回日本以後上網查詢，原來在中文世界裡，貓頭鷹並沒有吉祥的意義，反之給人以不孝、奸詐、死亡、黑暗等負面印象。那麼，馬六甲唐人街的剪紙鋪，爲什麼偏偏出售貓頭鷹花樣的帆布包呢？會不會就是在西方文化裡，它代表理性的緣故？那麼，到底在日本傳統文化裡，貓頭鷹的形象如何呢？我又一次上網查詢，果然是正面的。一個因素是日語中貓頭鷹，即梟，叫做ふくろう（fukurou），發音跟「不苦勞」一樣。

另外，我也發現，東京池袋附近的雜司谷地區，有則傳說道：從前有個孝女，母親得了病，但沒有錢買藥，於是天天來到當地鬼子母神廟，祈求神仙醫治母親的病。結果，她受到了啓示：用芒草做貓頭鷹，在廟前賣出去，就可以買藥給母親吃了。江戶時代著名的浮世繪作家歌川廣重，就有個作品畫了當年雜司谷鬼子母神廟的情景，畫裡確實有個小女孩帶著母親給她買的芒草貓頭鷹，顯然它有孝行、治病等正面意義的。

離池袋車站不遠的鬼子母神廟，至今都在小賣部出售芒草貓頭鷹。附近的南池袋小學，不僅校徽圖像是芒草貓頭鷹，而且校址上有貓頭鷹資料館，展覽著來自英國、中國、印度、義大利、捷克、加拿大、尼泊爾等國家，以貓頭鷹爲主題的瓶子、繪畫、雕刻、玩具等。其中有公元前希臘的硬幣，也有近年的全球暢銷書《哈利波特》裡的插圖。

看來在世界很多地方，貓頭鷹的形象雖然有點神祕，但基本上是聰明而正義的。於是我認爲，馬六甲唐人街的剪紙鋪，一方面繼承著中國傳統的民間手藝，另一方面卻站在世界文明的觀點，採用了貓頭鷹圖樣的。

蝙蝠和蛇目

こうもりとじゃのめ
koumoritojyanome

一九七〇年代以後，廉價的塑膠雨傘迅速普及，不用說「蛇目」，連「蝙蝠」都靠邊站去了。現在想想，從前的雨傘算是貴重品。

貓頭鷹在西方和日本的傳統文化裡都代表吉祥，在中國文化裡卻不是。反之，在中國文化裡有吉祥意義的蝙蝠，到了西方和當代日本文化裡，就不是了。比如說：在英國文豪莎士比亞的戲劇「馬克白」裡，蝙蝠是巫婆的手下；恐怖影片《德古拉》裡，吸血鬼也像蝙蝠一般倒掛在牆上休息。如今的日本人對蝙蝠的想像，大體來自那些西方文化作品。

不過，沒受西方影響之前，日本人也曾經把蝙蝠當作吉祥的象徵。比方說，一六二四年開張於九州長崎的甜品店福砂屋，至今在商標裡有蝙蝠的圖樣。在德川幕府時代初期的長崎，率全國之先出售了「南蠻（葡萄牙、西班牙）菓子」的福砂屋，當年就經售各種船來商品，其中有採購自福州商人砂糖。根據該店在網路上開的主頁，字號「福砂屋」就是取自「福州」和「砂糖」兩個詞的。

有趣的是，在我小時候的東京，「蝙蝠」也是指雨傘的俚語。當時的我沒看過蝙蝠的實物，可是電視上播放著美國製作的卡通片《蝙蝠俠》。父親他們用的雨傘，既大又黑，看起來確實像蝙蝠俠披上的斗篷。

當年的日本口語裡，還有一個詞指雨傘，那是「蛇目」。日本童謠〈下雨天〉，最初是詩人北原白秋一九二五年發表於《孩子國》雜誌上的，由中山晉平作曲後，至今仍膾炙人口。歌詞道：**雨雨下下讓母親，打著蛇目來迎接，高高興興得不得了。**歌詞裡的小孩子有母親帶來的雨傘，在回家的路上看到了一個同學沒有雨傘濕透了全身，便借給他自己的雨傘，跟著唱：**我呢沒事有母親，帶的大號蛇目傘，一起打了不淋雨。**

原來，日語「蛇目」指雙重圓的圖紋；從十八世紀起，在日本女性之間流行的雨傘，撐開來之後，從上面看就有雙重圓圖紋，因而俗稱「蛇目」的。我唱〈下雨天〉的一九六〇年代末，那種用竹子和油紙做的和傘早就被淘汰了。可是，不僅在童謠裡，而且在日常用語中，仍保留著用「蛇目」一詞來指雨傘的說法。

一九七〇年代以後，廉價的塑膠雨傘迅速普及，不用說「蛇目」，連「蝙蝠」都靠邊站去了。現在想想，從前的雨傘算是貴重品。在路邊濕透了全身哭泣的同學，恐怕是買不起雨傘的貧窮家庭來的。相比之下，〈下雨天〉的主人翁有一下雨就打著「蛇目」來迎接的母親，換句話說是中產階級的家庭主婦。乍聽是天眞的童謠，其實反映出不同階級的人生實景呢。

龍捲與麒麟

たつまきときりん
tatsumakitokirin

日本人根本沒想到我們住的小島國也會颳龍捲風，對此完全沒有心理準備。

自從二〇一一年三月十一日的大地震、大海嘯以後，日本頻頻發生之前未曾聽說的異常氣象。例如，二〇一三年夏天，東京的氣溫天天超過了三十五度，竟比赤道上還熱，令人既難熬又難以理解。進入了九月，幸好氣溫終於稍微下降，但沒想到，這回連日要颳龍捲風了。在千葉縣、埼玉縣等屬於東京首都圈的縣裡，忽而發生的龍捲風，一口氣襲擊幾百個民家，而劫後的房子沒有了屋頂，也沒有了玻璃窗戶，受害程度果然跟大地震比有過之而無不及。

從前在我們印象中，龍捲風是專門在廣闊到能望及地平線的美國西南部等地方才會發生的。例如，一九三九年問世的童話歌舞片《綠野仙蹤》裡，茱蒂．嘉蘭飾演的桃樂絲，就是從美國正中央的堪薩斯州，被龍捲風連人帶房子吹到奧茲國去的。當初堪薩斯州的桃樂絲家房子，周圍有一望無際的玉米田；那場面，對日本島國的孩子來說，跟神祕的奧茲國一樣不可思議。畢竟，在我們長大的環境裡，一望無際的不是農田而是木造小房子。你從東京新宿車站坐往西富士山方向的中央線電車看看吧，在高架軌道兩邊直到看不見的地平線，全是密密麻麻的木造小房子，超過十五層的高樓大廈倒是屈指可數的。

總而言之，日本人根本沒想到我們住的小島國也會颳龍捲風，對此完全沒有心理準備。所以，當新聞播報員報導龍捲風發生之際，都不大有信心地說道：「似是」龍捲的暴風突然颳起來怎樣怎樣了。那語調令人想起來童年看過的怪獸電影裡，新聞播報員報導哥吉拉襲擊東京時候的語氣：充滿著不確定，連自己都不敢相信的樣子。

看著「似是」怪獸電影的新聞節目，我上網查查龍捲風究竟是怎麼回事，忽然發覺：日語的龍捲翻成中文便是龍捲風，而中文的龍卷一詞則有不同語義，即是古帝王朝服。既然在中文世界裡龍字指皇帝，凡是包含這字的詞，自然該跟皇帝有關了。反之，在日本文化裡，龍並不象徵任何貴人，始終是種幻想中的神獸而已。

較有趣的是麒麟一詞，在中文裡是專門指傳說中的動物，到了日語中，卻兼指神獸麒麟和現實中的長頸鹿了。也就是說，日語裡至今缺席相當於長頸鹿的詞。怪不得日本孩子看到爸爸晚上喝的麒麟牌啤酒的瓶子而摸不著頭腦：爲何在標籤上畫著未曾看見的怪怪動物，而沒有畫著世界上脖子最長、身高最高的動物呢？

樹海

{じゅかい jyukai}

聽到「樹海」一詞，我就難免有點恐慌起來，因為富士山附近的青木原樹海，在一般日本人的印象中，是走投無路自尋短見的人才去的地方。

日本最高峰富士山，被列入為世界文化遺產了。當好消息傳來的那天，高一的兒子正遠足去富士山，乃學校方面為新生安排的戶外活動之一。

富士山高達三七七六公尺，爬到山頂需要整整一天。我問兒子：你們吃完早飯才出發，來得及爬到山頂嗎？他回答說：我們不是去爬山，而是去做「餺飥」吃。

「餺飥」這個詞在東京很少聽到，但是我知道那是富士山腳山梨縣的鄉土菜，是現做的粗扁麵條跟各種蔬菜一起煮在味噌湯裡的麵食。尤其是跟南瓜一起煮的「餺飥」味道特佳，因而有句俗語說：還真不錯南瓜「餺飥」，乃用來自誇意想不到的成功。一批高中生去當地農家，在農婦的指導下擀麵切菜，然後大夥兒一同吃大鍋飯。校方的意圖大概在於：讓學生接觸到農村文化的同時，透過集體勞動和飲食來促進同學之間的交流，以便日後好進行團體活動。

兒子說：吃了午飯則要走

「樹海」。聽到「樹海」一詞，我就難免有點恐慌起來，因爲富士山附近的青木原樹海，在一般日本人的印象中，是走投無路自尋短見的人才去的地方。聽說還處處可見那些可憐的靈魂留下的遺物呢。

山梨縣富士河口湖町的青木原是標高九二〇公尺到一三〇〇公尺，總面積約三十平方公里的原始林。因爲廣闊如海，而且各種針葉樹和闊葉樹繁茂，颳起風來，遍布的樹葉看似波浪，所以才被叫做樹海的。青木原位於富士山曾噴火時流出的熔岩上，據說地盤中含有的大量磁鐵使得指南針失常，一旦迷路就再也出不來。

有關青木原樹海的恐怖傳說，好像是上世紀日本名氣最大的推理小說家松本清張，在一九六〇年問世的長篇作品《波之塔》中開始書寫的。這部小說很受歡迎，除了問世那年就拍成了電影以外，後來的半個多世紀裡，總共拍成了八次電視連續劇，包括最近二〇一二年的一次。

不過，我這回上網查才曉得：傳說歸傳說，現實中的青木原樹海是既有散步道又有露營地的安全觀光地。熔岩地盤對指南針的影響不是沒有，但其實不很大。有了全球衛星定位系統，知道自己的位置也不再那麼困難。何況兒子他們是在學校當局的安排下，跟著當地導遊集體走的。晚上，兒子平安回家說：「餺飥」挺好吃的，「樹海」呢就是森林，跟我們露營過的東馬婆羅洲密林比較，沒有顯得那麼可怕，至少日本河流裡沒有吃人的鱷魚吧！

海老

えび
ebi

開始上中文課以後，大家都很快就會發覺：雖然兩個語言都用漢字，有很多很多字或詞的意義，彼此之間卻不一樣了。

有一次跟台灣朋友一起走在東京街頭。她看著餐廳招牌問我：「海老」是什麼？我回答說：「海老」就是蝦呀！在海裡彎著腰嘛。

其實，在日本魚店，不僅中文的蝦變成「海老」，中文的鯊魚也變成「鮫」，那種魚不是很會咬人嘛？另外，中文的香魚到了日本是「鮎」，海蜇則是「水母」，海參是「海鼠」，海膽更是「雲丹」。

日文和中文都用漢字。不少學生，上大學得選修第二外語的時候，寧願學中文也對德語、法語等歐洲語言敬而遠之，乃他們以為用漢字的中文應該比用羅馬字的西方語言容易學的緣故。然而，開始上中文課以後，大家都很快就會發覺：雖然兩個語言都用漢字，有很多很多字或詞的意義，彼此之間卻不一樣了。

比如說，在家庭裡，日文的「老婆」是中文的老太太，中文的老婆是日文的「女房」，中文的老公是日文的「亭主」，日文的「妻子」是中文的妻小，日文的「娘」更是中文的女兒，日文的「丈夫」是中文的結實，日文的「大丈夫」是中文的沒問題。

在操場，中文的棒球是日文的「野球」，中文的足球是日文的「蹴球」，中文的冰球是日文的「杖球」，中文的網球是日文的「庭球」，中文的籃球是日文的「籠球」，中文的手球是日文的「送球」，中文的乒乓球是日文的「桌球」，中文的桌球倒是日文的「玉突」，日文的「玉」是中文的球，日文的「玉子」則是中文的蛋。

看身體，日文的「顏」是中文的臉，日文的「顏色」是中文的臉色，日文的「足」是中文的腳，日文的「腳」是中文的腿，日文的「腿」是中文的大腿，中文的香港腳是日文的「水蟲」，日文的「爪」是中文的指甲，中文的鳳爪是日文的「雞足」，中文的偏頭痛是日文的「片頭痛」。

還有，日文的「名字」是中文的姓，日文的「湯」是中文的熱水，日文的「熱湯」則是中文的白開水，日文的「放心」是中文的發呆，日文的「情報」是中文的信息，日文的「噓」是中文的謊言，日文的「走」是中文的跑，日文的「手紙」是中文的書信，中文的書是日文的「本」，日文的「小心」是中文的膽小，日文的「告訴」是中文的控告，日文的「清楚」是中文的秀麗。

所以，彼此誤會易如反掌嗎？「大丈夫」。日文的愛情是中文的愛情。中文的希望也是日文的希望。

捌

生活有趣味

巨人、大鵬、玉子燒

{きょじん、たいほう、たまごやき kyojin taihou tamagoyaki}

我的孩提時代，恰好是讀賣巨人隊連續九年榮登冠軍，電視上播放著卡通片《巨人之星》，幾乎全日本都向巨人一邊倒的時期。尤其在巨人隊根據地東京，人人都是巨人粉絲。

職棒在日本的人氣，這些年大大不如從前了。不僅是現在的小孩，而且是年輕父親一族都比較喜歡足球。從前的日本家庭，爸爸一回家就打開電視機，邊看棒球比賽邊喝啤酒吃花生米，到了週末就跟兒子一起去家附近的空地練習投球接球的。那種場面，自從一九九三年日本職業足球聯盟成立以後，越來越少見了。

我的孩提時代，恰好是讀賣巨人隊連續九年榮登冠軍，電視上播放著卡通片《巨人之星》，幾乎全日本都向巨人一邊倒的時期。尤其在巨人隊根據地東京，人人都是巨人粉絲。也不奇怪，當年的巨人隊，在已故總教練川上哲治的指導下，王貞治、長島茂雄等不同個性的明星選手輩出。當年有句膾炙人口的俗語說：巨人、大鵬（相撲橫綱）、玉子燒（炒雞蛋），指的是小孩子們的至愛。

長大跟大阪人結婚以後，我才發覺：人家對阪神虎隊的熱愛一點也不遜色。老大兒子出生後，公公婆婆每年每個季節都寄來阪神虎隊運動裝花樣的T恤和棒球帽。小男孩打扮成阪神虎的粉絲模樣上街，果然有不少叔叔大爺們走過來說：小朋友，你也是阪神虎粉絲啊，加油！或者說：小朋友，不要灰心啊，下一場咱們一定贏，好不好？他們在東京好比生活在敵人陣地，平時不敢公開支持阪神虎的，當看見穿上了白底黑條紋阪神虎運動裝的小孩，猶如在異鄉見到了同鄉一般，感覺無比親密的樣子。

東京的巨人粉絲不能理解，但是日本其他地方有一類球迷，並不支持特定球隊，卻酷愛看到巨人隊失敗的。日語有個專有名詞叫「anti巨人」即反巨人，指的就是這種人。大阪出身的我老公，離鄉背井來東京上大學已經三十年，早就不是地道的大阪人了，卻堅定拒絕被同化爲東京人，結果產生特別強烈的反巨人心態。若在重要的比賽上，巨人被打敗，看到原辰德總教練淚眼汪汪，欲流下窩心的淚水時，老公就會高興得好像漁人釣上了大魚一般。

二〇一二年十月底開始的職棒總冠軍賽，中央聯盟的冠軍巨人隊和太平洋聯盟的冠軍東北樂天金鷹隊進行了七次比賽。巨人是日本最有名、最有錢、粉絲最多的球隊。反過來看樂天，則是九年前剛成立，以氣候寒冷的仙台爲根據地，在二〇一一年東日本大地震中球場受了損害等，可說是條件最困難的球隊。誰料到，樂天榮登了今年的太平洋聯盟冠軍後，總冠軍賽中的表現都一點也不亞於巨人。

以三勝三敗的成績迎接的第七場決賽，恰好在樂天的根據地仙台舉行。不僅是在場的當地粉絲，而且是透過電視直播看比賽的全日本「anti巨人」分子，再加上平時對職棒毫不關心的很多人，都爲樂天，都爲還在奮鬥中的東北災區加油。

看職棒的樂趣之一是長期關心個別選手的成長。例如，巨人隊的原辰德總教練，我這一輩的日本人都是從他還在中學時就開始關注的。至於二〇一三年給樂天帶來了勝利的田中將大，大家還清楚地記得在二〇〇六年夏天的甲子園球場，他作爲駒澤大學苫小牧高中隊的投手，跟名門早稻田實業高校的投手齋藤佑樹拚搏的場面。那晚的比賽是田中在日本的最後一場，之後要去美國發展了。我相信，除了極少數心眼特小的巨人粉絲以外，全日本都非常感激他走之前送給災區的偉大禮物。

金剛石富士山

{ダイヤモンドふじ daiyamondofuji}

日本歷來多的是富士山迷。其實，「富士」兩個字的日語讀音跟「不二」是諧音（都唸ふじ fuji），可見靈山在日本人心目中的崇高地位。

我家房子雖然不大，但是有個優點：從房間裡就看得見富士山。靈峰位於東京西邊約一百公里的地方，從秋天到冬天，氣候寒冷濕度低的日子裡，天天都能看得很清楚。我家住的公寓不僅是陽台，連餐廳、廚房都朝西，能夠邊看富士山邊吃早飯，也能夠邊看富士山邊準備晚飯，可說是種人生福氣。

日本歷來多的是富士山迷。其實，「富士」兩個字的日語讀音跟「不二」是諧音（都唸ふじ fuji），可見靈山在日本人心目中的崇高地位。江戶時代頗流行的彩色版畫「浮世繪」，也往往在江戶城街景後面畫了很大的富士山。雖說大到不成比例，卻反映出來江戶人視富士山為偉大守護神的心理。當年亦流行了一種宗教叫「富士講」，除了組團去爬靈山以外，還把居住地神社裡的假山比做富士山，穿上白色衣裳的信徒們，尤其是不能老遠去靈山的老人婦女等，便以此集體登山祈求靈山保佑。這可說是泛靈論在日本民間的一個表現。

如今，向富士山拜拜的人不多了，卻有得是拿著相機要拍下美麗山景的富士山粉絲、富士山御宅。尤其在冬天傍晚，從東京望西邊富士山方向，如果運氣好的話，就可看到夕陽正落在富士山的動人場面。一年甚至有一、兩次，山頂和夕陽完全相重疊起來，就被譽為「金剛石富士山（Diamond Fuji）」。這名稱是借用日全食的時候，太陽和月亮相重疊而造成所謂「金剛石光環」的樣子。若是富士山和剛昇起的月亮相重疊的話，則被譽為「珍珠富士山（Pearl Fuji）」了。

中文有俗語說：夕陽無限好，只是近黃昏。的確，的確。這個季節，當我傍晚站在廚房裡準備晚餐之際，就能透過餐廳的落地玻璃窗望到一日比一日接近金剛石狀態的富士山。不知為何，快要落到富士山後邊的夕陽，總是頓時融化起來，看樣子像水汪汪的淚珠，或者因為顏色呈緋，更像一粒肥大的鮭魚子。我是個不可救藥的饞貓，看著那水汪汪的夕陽，總想像：若能含在嘴裡，一定會很好吃吧。

日文有俗語說：秋天夕陽如吊桶。意思是說，一開始下就下得特別快。的確，的確。剛才還在富士山頂上妖豔地融化的夕陽，僅僅幾秒鐘以後，已經完全躲在了靈山後邊，並把黃昏時刻的靈山，先染成緋色，然後經過妃色、淡紫色，轉眼之間已經是藏青了。這時候，西邊天空上早出現了幾顆星星，散發著冷冰冰又很尖銳的光線，靈峰富士山的影子則映在越來越黑的背景上，讓人忽然明白中文俗語描繪的原來是什麼樣的境地。

着付教室

きつけきょうしつ
kitsukekyoushitsu

一九六四年舉行東京奧運會，一九七〇年舉行大阪世博會之際，歡迎外國賓客的女招待人員，光會說英語是不夠資格的，還要穿和服來發揮東方女性的魅力。於是給她們開辦的「着付教室」即和服穿法班，後來普及到整個社會去了。

日本有一種學校叫「着物學院」「着付教室」等，乃專門傳授穿和服的方法。有人說，全世界只有日本人為穿上傳統衣服而上學校。大概沒有錯吧。

直到二十世紀中期，和服是日本多數人的日常服裝，當年的日本人也大體上穿著主婦為家人親手縫紉的和服。在傳統社會，裁縫被視為跟燒菜一樣，女孩子出嫁之前非得學好的基本技術。明治維新以後的近代日本小學，也繼續教了女學生「和裁」，即縫紉和服的技術。跟花樣很多的西服不同，和服的式樣基本上只有一種，至多是男裝和女裝，大人裝和童裝有區別而已。再者就是未婚女孩子穿的盛裝「振袖」，只是為顯示良家千金的身分，袖子要比一般和服長罷了。社會上都認為，「和裁」是只要花時間訓練，誰都能學會的手藝。

和服的盛裝和便裝之別，或者不同特色，都表現在料子、圖案、腰帶的不同上，基本設計倒始終是一個樣子。這一點，從現代人的眼光看來，可以說很合理也很環保。然而，上世紀的人卻覺得死板而不自由。二〇一一年的下半年，日本的公共電視台NHK每週一到五早晨播映一齣連續劇叫《糸子的洋裝店》。主人翁的原型，乃一九一三年出生的小筱綾子。她很小就被西服迷住，十多歲學會用縫紉機，二十一歲時在大阪的西式裁縫店開張。結婚後養育的三個女兒弘子、順子、美智子，長大後都成爲了世界著名的服裝設計師。

小筱家母女的經歷反映出日本女裝的現代史。二十世紀初，大家都憧憬自由而開放的西裝，恨不得拋棄不自由而死板的和服。然後經歷了打仗缺糧年代，她們紛紛把絲綢和服帶到農村去交換糧食了。結果，到了和平時期，城裡沒了和服，天天下田的農民則把來自城市的高級和服藏起來不用。凡是美國化的一九五〇年代，很流行學「洋裁」，「和裁」反倒被視爲過氣的玩意兒。久而久之，廣大日本人不僅失去了縫紉和服的技術，而且忘記了如何用幾條繩子和腰帶，把沒有紐扣的和服綁在身體上了。

但是，一九六四年舉行東京奧運會，一九七〇年舉行大阪世博會之際，歡迎外國賓客的女招待人員，光會說英語是不夠資格的，還要穿和服來發揮東方女性的魅力。於是給她們開辦的「着付教室」即和服穿法班，後來普及到整個社會去了。如今，每年的十一月十五日定爲和服日。這一天，日本全國四百個教室同時舉行免費的「着付教室」，以期這天參加活動的人們日後成爲付費學生。但一般認爲，那些教室跟和服商私下勾結，會耍類似詐騙的手法強賣高價商品。傳統衣裳淪落到這田地，可悲哉！

太鼓結

たいこむすび taikomusubi

如今的日本人穿和服要上課的一個原因是：日常生活西化了以後，穿和服的機會只留下了婚禮等特別的場合。

日本傳統的和服，沒有紐扣，也沒有拉鍊，而且若是成年女裝，長度大體上跟身高一樣長。所以，穿上的時候，非得掖起來用繩子綁住不可。再說，和服下面貼身穿的內衣「襦袢」，也沒有紐扣之類。結果，穿上「襦袢」與和服，起碼一共需要繫四條繩子。然後，才用起裝飾性的腰帶來打結。

和服的腰帶有好幾種。格式最高的「袋帶」，有三十公尺寬，四公尺二十公分長；普通場合用的「名古屋帶」，有三十公分寬，三公尺五十公分長；日常用的「半幅帶」，則有十五公分寬，三公尺二十二公分長。三種腰帶都沒有帶扣之類，所以要牢牢地繫緊免得鬆開。無論用哪種，都在腰邊先捲兩周繫一次，然後在背後打結成不同的形狀。

最常見的「太鼓結」，乃把繫緊後的帶端疊成一邊三十公分的正方形的。「太鼓結」的名稱，取自舊江戶市內龜戶天神廟裡的「太鼓橋」。爲了使帶結看起來像弓形的「太鼓橋」，要往那正方形裡塞住帶端以及一種叫做「帶枕」的小墊子。具體說來，是用猶如繃帶的絲綢「帶揚」包住「帶枕」而使之擔任橋梁角色，然後把「帶揚」兩端在胸前打結的。另一條「帶締」則繫在腰帶上添加顏色。算起來，除了最初繫的四條繩子以外，還需要「帶揚」「帶枕」「帶締」以及「袋帶」或者「名古屋帶」，共繫了八條繩子才算正式穿上了和服。我在國外時，曾有幾次被問道：日本女人穿和服，究竟背著什麼東西？人家指的大概就是「太鼓結」吧。其實，裡面除了使之鼓起來的「帶枕」以外，並不藏著什麼。

和服也有平裝的，乃可免除「帶揚」「帶枕」「帶締」等裝飾性的配件，用「半幅帶」繫緊後，把帶端結成「蝴蝶」「貝口」「文庫」「一文字」「矢」等不同形狀就是了。對往昔的日本女性來說，把腰帶結成什麼形狀，和什麼顏色的「帶締」「帶揚」搭配，都是影響到整個形象、做人風格的大問題。畢竟，和服的設計始終只有一個樣，能發揮個性的餘地相當有限。

如今的日本人穿和服要上課的一個原因是：日常生活西化了以後，穿和服的機會只留下了婚禮等特別的場合。那本來就是要請美容師幫忙的大場面。沒有經過每天起床後匆匆繫「半幅帶」的訓練，怎能一下子用總共七、八條不同種類的繩子以及長度超過四公尺重量達一公斤的腰帶，自己打起複雜的「太鼓結」來呢？當然根本不可能嘛！

Recycle 着物

{リサイクルきもの risaikurukimono}

今天的日本人對和服敬而遠之，最大原因是價錢一般很昂貴；其次是，和服沒有扣子、拉鍊，穿起來不僅費時間而且活動不自由。

和服是日本的傳統服裝，最初受了唐代中國的影響，後來發展成獨特的式樣了。一八六八年明治維新以後，日本的社會生活各方面都逐漸西化。不過，女性服裝的西化來得比男性服裝晚一點。

一九一一年出生的我姥姥，雖然年輕時候做過追求時髦的摩登女郎，可是中年以後卻反璞歸眞，天天都穿暗色的和服過日子。到了我母親這代，小時候日本戰敗而瀕臨滅亡危機，有足夠的衣服穿暖就算幸運；等國家經濟復興以後，又有美國式時裝風靡一時，連婚紗都穿西式的白色長裙了。結果，很多人忘記了和服的腰帶是怎麼打結的。

第二次世界大戰後出生的我們一代人，第一次穿上和服是參加「七五三」儀式的時候。那是七歲和三歲的女孩子，以及五歲的男孩子，個個都穿上盛裝，被父母帶去家附近的神社祈求好運的風俗習慣。接著則是滿二十歲的男女被當地政府邀請去參加「成人式」的時候了。也就是，如今對大多數日本人來說，「七五三」和「成人式」是穿上和服的難得機會，下一次再跟和服沾上邊，說不定是爲了自己的孩子準備「七五三」衣裳的時候了。有些媽咪，會趁機自己也租來和服穿上，跟打扮好的寶貝一起拍紀念照。

今天的日本人對和服敬而遠之，最大原因是價錢一般很昂貴；其次是，和服沒有扣子、拉鍊，穿起來不僅費時間而且活動不自由。儘管如此，若要學習傳統文藝如茶道、日本舞蹈等，就非穿和服不可了。我之所以開始常爲女兒買和服，也是因爲她參加了社區舉辦的節慶活動時，在彩車上帶滑稽面具隨著鼓笛音樂跳舞的「祭囃子」團體。

不過，我給她買的並不是昂貴的全新和服，而是價錢跟T恤差不多的二手和服，用當代日語則叫做「recycle kimono（再循環着物）」。有些是別人家爲孩子的「七五三」購買而用了一次後就賣出去的。也有些是在富家倉庫裡被子孫發掘的；好幾十年前做的古董和服，顏色花樣都跟現代的不同，有獨一無二的美。總之都是童裝，賣方重視給幼輩傳授祖宗文化的意義，願意以廉價轉讓出去的。

用百分之百的絲綢做和服，全部過程都得靠仔細的針線活。從外面一點都看不到針腳，然而只要剪斷一處線，整件衣服就可以馬上解開起來，變成原來的三十六公分寬，十二公尺長的布疋。這樣拆開的料子，可以洗乾淨後再縫紉起來穿用；從前的人做的事情，眞是既細膩又環保，讓既粗糙又浪費的現代人感嘆不已了。

祭囃子

まつりばやし matsuribayasi

「祭囃子」則屬於祭禮音樂，其特點為沒有專業樂師，都由老百姓業餘演奏的。因為沒有樂譜，學習「祭囃子」全靠耳朵和嘴巴。

凡是在日本待過一段時間的人，想必都聽過「祭囃子」的旋律。那是社區節慶的時候，在彩車上演奏的鼓笛音樂：由大小三個鼓、笛子、銅鉦組成，爲獅子、狐狸、福男、福女的面具舞提供伴奏。

如今的日本人都從小學習西方音樂的五線譜，跟專業老師學彈鋼琴、拉小提琴的孩子也爲數不少。然而，對「邦樂」即日本民樂，卻知道得少之又少。不僅是學童，而且成年知識分子也一樣，對「邦樂」的理解，根本沒有對西樂的理解多，也往往連對印尼傳統音樂甘美蘭的知識都還不如。這主要是明治維新以後的日本人一切以西方爲榜樣所致。大家認爲：只有西方古典音樂，以及西方人認可的世界音樂如甘美蘭，才值得學習；反之，沒受西方人青睞的「邦樂」簡直上不了檯面似的。

前些年，日本的教育部一度下令：小學和初中的音樂課程一定要教些傳統音樂。那份通知嚇壞了全國的音樂老師，因爲大多數人從來沒接觸過「邦樂」，而且多數樂器的演奏方法，至今是專門由師傅口傳給弟子的，他人則無法看書、看譜自己學習。口傳教授法有利於壟斷知識，卻絕對不利於普及知識。把封建色彩濃厚的「邦樂」融入現代教育制度，在施行過程中遇到很多問題，果然後來不了了之。

其實，「邦樂」也有各式各樣的：宮廷雅樂、能樂、佛教音樂、民謠、祭禮音樂等。「祭囃子」則屬於祭禮音樂，其特點爲沒有專業樂師，都由老百姓業餘演奏的。因爲沒有樂譜，學習「祭囃子」全靠耳朵和嘴巴。另外，每個樂手都一定要學習大鼓、小鼓、銅鉦、笛子，以及舞蹈的全部角色，能夠隨時擔當任何樂器和角色，才算眞正學會了「祭囃子」。

以我住的地區爲例，由男女老少約三十個人組成的「囃子連」，每週有一晚聚在一起花一個鐘頭練習演奏和舞蹈。有時候，其他地區的樂手來交流一下。這時候的氣氛好比跟爵士樂的即席演奏會一樣熱烈。老中青三代的樂手，輪流地一會兒打鼓，一會兒吹笛子，一會兒敲銅鉦，一會兒戴上面具跳舞，各種角色換來換去，眞是好聽好看極了。可惜的是太多日本人，尤其是知識分子，注意不到本國民間藝術具備的獨特魅力。自明治維新以來快一百五十年了，該是重新發現本國文化的時候了。

着樂堂

きらくどう kirakudou

> 現代日本人穿和服的機會卻一般只有「七五三」和二十歲的「成人式」了；在難得的機會裡，大多數人選擇穿租來的新貨。

這些年頭，來自日語的「人氣」一詞，經過台灣登上中國，看來已經進入了堂堂漢語詞彙中。相比之下，「氣樂」一詞好像仍然專門歸日本人使用，恐怕是「樂」字的涵義在中文裡和日文裡有所區別所致吧。

日文中，「樂」字不僅是「音樂」的「樂」和「快樂」的「樂」，而且另有「舒暢、輕鬆」的意思。說「氣樂（きらく kiraku）」則指「安閒、自在」的心情了。東京西部立川火車站附近，有家二手和服店叫做「着樂堂（きらくどう kirakudou）」。「着」是「着物」即和服的縮短形，前面兩個字加起來就跟「氣樂」諧音了。這個店名起得眞好，因爲鋪子裡擺的和服，確實很多都特別便宜，穿上去叫人心情既快樂又輕鬆的。

在日本，一般的和服店跟不迴轉的壽司店屬於同一個範疇：普通人都敬而遠之。原因不外是價錢很貴、很不公道。常聽說有人糊裡糊塗地進去，出來的時候背上了幾十萬日圓的負債。那可是買得起一輛小車的金額呢。所以，直到女兒出生，我都沒踏足過和服店。當她三歲要慶祝「七五三」之際，做母親的還不敢接近可怕的鋪子，於是網路上找找現成品搪塞了事。當她七歲要慶祝的時候，則託了婆婆去她熟悉的店替我解決難題。

誰料到，我家閨女偏偏喜歡穿這種傳統服裝，竟參加了社區的「御囃子連」，幾乎每個月都要在舞台上、彩車上演出娛樂神仙的舞蹈。其他舞者的母親們跟和服店的關係，也同我差不多，再說她們的年紀都比我小。結果呢，萬萬沒想到，我居然得對整隊十來個小女生的衣裳負責了。十來件和服該去哪裡找？何況非營利團體的預算挺有限的。我一時感到壓力太大，差點就要患上憂鬱症。

我正煩惱之際，有位看似闊家夫人的太太給我介紹了「着樂堂」。她平時都穿著很漂亮的和服，我還以爲是挺貴的。然而，她一口否定說：「不是！我穿的和服麼，有些才一千日圓呢。」一千日圓？那就比UNIQLO的T恤還便宜了。於是我鼓起勇氣，去了離立川火車站不遠的「着樂堂」。位於中央線軌道邊大廈二樓的和服店，面積不大，來了四五個購物客就無容身之地了。靠近門口的地方有西式衣架，掛著幾十件和服，上面確實貼著一千圓、兩千圓、三千圓的標價。雖說是二手貨，可件件都很乾淨，完全能夠穿著上街的。

老闆是個中年女性，外貌有點像哆啦A夢，據介紹人說是原小學教員改行開的店。她聽我說需要十來個小女生跳神樂舞穿的衣裳，馬上找出來與其說是二手貨倒不如叫古董的精緻老和服，果然全是二十世紀初的良家千金過年過節穿過的盛裝。傳統和服的料子是絲綢，很少被蟲子蛀掉，所以昔日的人都穿了從母親，甚至祖母那兒繼承的老衣服。現代日本人穿和服的機會卻一般只有「七五三」和二十歲的「成人式」了；在難得的機會裡，大多數人選擇穿租來的新貨。結果呢，如今的二手和服市場上流通著許多沒人要穿的高品質古董和服。我以一萬日圓鈔票換來了好幾件美麗和服，都有可以在博物館展覽的水準。

後來，每幾個月去一次「着樂堂」選購幾件少女裝，成了我生活中不能沒有的習慣。它所帶來的樂趣能夠跟逛鮮魚店找新鮮貨色吃刺身相提並論。這可不是誇張的。邊摸邊看花樣不同的絲綢和服和刺繡腰帶等，眞是住在日本的積極理由之一了。

玖

學而時習之

「洋洋：夏天的回憶」

{ヤンヤン：なつのおもいで yanyan:natsunoomoide}

跟信君母子告別後離場，覺得一個下午過得很開心，可說是真實版的《洋洋：夏天的回憶》。

台灣楊德昌導演的遺作《一一》曾獲得二〇〇〇年的坎城影展最佳導演獎。主角是吳念眞飾演的NJ，日本發行商卻把重點放在他兒子洋洋身上，以《洋洋：夏天的回憶》的片名公映了。估計他們的用意主要在於動員侯孝賢作品《冬冬的假期》（日譯爲《冬冬的暑假》）的老觀眾，不過小朋友洋洋給人留下的印象也確實滿深刻的。

我女兒的小提琴老師，有個小學三年級的學生，大家叫他信君。他三歲的時候，就被媽媽帶到老師家來開始學拉小提琴了。三歲男孩還穿著尿褲，一累就當場閉眼睡著，只好給放在嬰兒車上，由媽媽推回家去。連老師都覺得：還太早了吧，可以再等一、兩年。但是，不知道有什麼原因，他媽媽就是特別堅持，一週復一週，都推著嬰兒車，把幼兒園孩子送到老師家來。三年後，他才開始眞正拉小提琴。如今小學三年級，已是有六年經驗的老手了。雖然才小三而已，但是他演奏的曲目，卻跟小六甚至初三的學生一樣。

這個信君，個子矮小卻很結實，站著拉琴的姿勢，既穩定又柔軟，好比他身體成了一把樂器。他父母應是相當富裕的人家，給他穿上的襯衫短褲等，一看就知道是好品質的。總而言之，信君特別好看。尤其站在舞台上演奏起來，場面簡直像以他為主角的影片。我就是每每看他都會聯想到楊德昌塑造的洋洋來。

小提琴老師是東京一家交響樂團的琴手，經常有舞台演出，回到家只收少數幾名學生每週教幾個小時。因為老師相當忙，這個小提琴教室沒有定期的發表會。這次因為信君的父親要調到沖繩去工作，他們得搬家過去，無法繼續跟教了他六年的老師學下去了。為了他的歡送會，老師趕忙組織了一個小型演奏會。時間是暑假裡一個週日的下午，場地是當地一家咖啡沙龍，鋪子正中間有小舞台，台上放著Steinway & Sons（史坦威）的大鋼琴。座位並不多，一個學生最多只能請六個嘉賓來看。以我女兒為例，恰好能請父母哥哥爺爺奶奶加上姥姥至親的六個家人。

演出的樂手，有三個小學生和兩個初中生，以及一個成年人。共六個學生，花一個半小時演奏了十七首曲子，最後由老師和她母親合奏兩首曲子。節目完了，大家一邊喝熱或冰咖啡、紅茶、果汁等，一邊吃巧克力、水果、起司蛋糕，也要抓緊機會聊聊。跟信君母子告別後離場，覺得一個下午過得很開心，可說是真實版的《洋洋：夏天的回憶》。

鋼琴發表會

ピアノはっぴょうかい
pianohappyoukai

在日本的音樂發表會上，有時看到母女合奏，可是父女合奏則非常少見。在場的觀眾們拍手喝采，使老公女兒都非常驕傲。

鋼琴發表會，就是鋼琴彙報會的意思。女兒學鋼琴的老師，每年七月底舉行一次發表會。她六歲入門，如今十一歲，今年是第六次了。

在我家，音樂輔導是老公擔任的。最初，他每星期都陪小朋友上課，在小本子上，把老師說過的注意事項用鉛筆一一寫下來，以便回家後輔導。他自己沒正式學過彈鋼琴。小時候，家裡買了YAMAHA牌鋼琴，但是父母只讓他妹妹跟老師學。小男孩無論請求多少次，都被搖頭否決了，想必父母嫌學費貴，但也說不定老一輩日本人以爲樂器是女孩子的玩意兒。

女兒的老師是日本桐朋學園大學畢業後，留學去德國拿碩士學位回來的。桐朋是名指揮小澤征爾的母校，在日本爲數不少的音樂大學中，和國立東京藝術大學音樂系的地位相當。幾十年前就能受到優良音樂教育的女孩，果然出身於音樂家庭。她外祖父寺田日瑳三先生在一九二〇年代日本成立的第一個交響樂團（現ＮＨＫ交響樂團）當首席低音大提琴手。舅父繼承外祖父開拓的事業，亦跟同一樂團的小提琴手結了婚。這位夫人也來自另一個音樂家庭：她兩個弟弟都是大提琴手，弟媳又是鋼琴家等。如今到了第三代，親戚裡有了數不清的職業音樂家。

老公兒時沒學到鋼琴，加倍憧憬西洋古典音樂，除了自學彈鋼琴以外，高中、大學都參加學校交響樂團拉過小提琴。婚後陪女兒去學鋼琴，他認識到好幾個職業音樂家，並驚訝地發現：他們家庭的歷史幾乎等同於近代日本吸收西洋音樂的歷史。他終於下決心實現孩提夢想，開始正式學彈鋼琴，乃四十五歲時候的事情。父女成爲了同門學生。另外，老公也送女兒去鋼琴老師的表姊家學拉小提琴。

每年七月底的鋼琴發表會，公公婆婆一定大老遠來東京看兒子和孫女的演奏。今年，恰巧小提琴發表會也排在同一個週末，而且是由老公爲女兒做鋼琴伴奏的；老人家很高興連續兩天有節目看。五年前，女兒剛上了小學，父女一起上舞台雙手聯彈時，她個子顯得特別嬌小。今年，她身高差不多到一百六十公分了，彈鋼琴的技術方面也有青出於藍的勢頭。在日本的音樂發表會上，有時看到母女合奏，可是父女合奏則非常少見。在場的觀眾們拍手喝采，使老公女兒都非常驕傲。

我老想問公公婆婆：當年究竟爲什麼沒讓他們的兒子跟老師學彈鋼琴呢？可是，兩位八十高齡老壽星，恐怕早記不起將近半世紀以前的小事了。

Pearl River

{パールリバー pa-ruriba}

老闆補充說：當地東芝公司給中國鋼琴廠提供機床，所以順便進口一架產品看看品質如何。我們特別重視緣分。這架珠江牌鋼琴，如果給別人買了就太可惜，於是匆匆訂購了。

我家的鋼琴是珠江牌的，而且據說是日本進口的頭一架中國製鋼琴。

記得剛結婚後不久，家附近的武藏樂器店門口擺出了一架挺好看的小鋼琴。日本有YAMAHA（山葉）、KAWAI（河合）兩家大鋼琴廠，做出來的商品給人穩重、嚴肅的印象。那天在樂器店門口出現的鋼琴，卻散發著輕鬆、華麗的氣氛，滿符合我們夫妻的口味。於是走進去問老闆：這是什麼樣的鋼琴？誰料到，他竟然回答說：是中國製造的，叫PEARL RIVER。

多麼巧！我曾在廣州珠江河畔的中山大學留學過，當時剛從珠江河口的香港搬回日本，而且前不久，跟老公一起旅遊過珠江三角洲：深圳、廣州、順德、中山、澳門等地。

老闆補充說：當地東芝公司給中國鋼琴廠提供機床，所以順便進口一架產品看看品質如何。我們特別重視緣分。這架珠江牌鋼琴，如果給別人買了就太可惜，於是匆匆訂購了。

約十年過去了。二〇〇九年的暑假裡，我們帶著兩個小孩，四口子一起去了上海旅遊。豫園、新天地、上海博物館、魯迅紀念館都逛完了，坐遊覽船下黃浦江去了長江口，還看過雜技團、馬戲團、越劇、京劇等演出以後，要到舊法國租界看老建築去。我很想看張愛玲住過的公寓；老公則愛好音樂，他也看過日本學者寫的《樂人之都上海》一書，說要去上海音樂學院。看著地圖抵達後，我們驚訝地發現：門外有個小賣部，出售著學院牌的小提琴。當時女兒七歲，我們給她買了正合適於她體格的四分之一型號小提琴。

半年後，女兒的鋼琴老師請產假，似是叫她開始學小提琴的好時候了。於是帶那把琴去見老師。然而，小朋友的成長很快，老師說：現在她需要用二分之一的了。怎麼辦？我恰好有計畫出差去北京一趟，而且聽說京城新街口有小提琴一條街。這回四口子一起飛往颳著沙塵暴的北京，挨門逐戶逛著新街口大街上的琴行，最後從哈爾濱出身的小提琴家夫婦那裡，買了一把二分之一型號的小提琴。

也就是說，我家女兒是彈中國製造的鋼琴，拉中國製造的小提琴，學起音樂的。老公有個老同學也愛好音樂，曾到英國留學，結婚後還帶家屬去工作過一段時間。回國之前，他爲自己買了一把英國製大提琴，給女兒則買了一把英國製小提琴。有一次我們兩家聚會，要四個人合奏一番。即興演奏來得不容易，談起各個樂器的來路，卻談得起勁，話都說不完。

童謠

{どうよう douyou}

每年除夕夜例行播送的《紅白歌合戰》節目裡現場演出。比如說，我小時候的〈游吧！鯛燒餅〉，孩子們小時候的〈團子三兄弟〉等比比皆是。

幾年前，我應北京一份月刊之邀，寫了日本一九二〇年代的童謠詩人金子美鈴的傳記。她的名字我早就知道，東京大學有一年也拿她的一首詩做過入考的語言考題。過去二十年，她作品更經常在ＮＨＫ電視台教育頻道的兒童節目《玩玩日語吧》等裡朗讀或歌唱。儘管如此，有些中國讀者對她作品著迷的程度，老實說，超過我的想像。

後來有一次，我去上海、北京做新書宣傳。有位著名文學記者聽我提到日本電視台的兒童節目，就問我：是否在日本，由電視節目來推出新童謠的？我回答說：就是啊。每個月都有新童謠在節目裡介紹，結果每幾年會出現一些兒歌，來自電視的兒童節目，後來傳播到整個社會去，最後成爲唱片都很暢銷的流行歌曲，甚至在相當於中國春晚，每年除夕夜例行播送的《紅白歌合戰》節目裡現場演出。比如說，我小時候的〈游吧！鯛燒餅〉，孩子們小時候的〈團子三兄弟〉等比比皆是。然後，我反問了他：難道中國沒有來自電視節目的新童謠嗎？記者說：我孩子唱的跟我小時候唱的一樣，好像沒有新的。

一般都說日本童謠的始祖是一九一八年創刊了《赤鳥》的兒童文學作家鈴木三重吉，以及在該雜誌上發表了多數作品的詩人西條八十、北原白秋，還有《金星》雜誌的野口雨情，和提供了旋律的作曲家山田耕筰、本居長世等人。金子美鈴最初就是向《赤鳥》投稿而認識西條八十的。不過，這些民間人士會提倡起童謠來，主要因爲是他們看不慣政府文部省推行的歌曲。

日本所謂的「文部省唱歌」是明治維新以後，著名教育家伊澤修二去美國調查音樂教育方法，回國後編寫西洋音階的歌曲，一八八一年出版收錄著三十三首歌曲的《小學唱歌集》開始的。當初主要是給西方曲子填了日文詞的，一八九〇年以後則全部採用日本人的作品了。政府方面很重視音樂涵養兒童德性的功能，因此歌詞常用文言並且內容的說教味道很濃厚。

果然自由主義的藝術家們對「文部省唱歌」很反感，主張應該給孩子們提供藝術性崇高、有利於情操教育的作品。適逢兩個大戰之間的「大正摩登」時代，當時有名的小說家芥川龍之介、谷崎潤一郎等都替《赤鳥》寫兒童文學，一時類似的雜誌多達幾十種了。可是，隨著日本社會逐漸往軍國主義轉向，一九二九年《赤鳥》和《金星》都被迫停刊。

今天聽「文部省唱歌」和《赤鳥》的童謠就會發覺：其實並不是前者一定臭、後者一定香的。例如，東日本大地震後民間自然唱起的〈故鄉〉，就是最初收錄於一九一四年出版的小學六年級音樂教科書的。歌詞道：**曾追兔子那座山，曾釣小魚那條河，至今讓我老夢想，好難忘記我故鄉；父母大人都好乎，朋友知己無恙乎，每逢雨天颱風天，一定想念我故鄉；哪天實現我志願，哪天就要回故鄉，山清水秀我故鄉，美麗如夢我故鄉。**其實，每次社會上爭論日本該不該廢除君主主義味道濃厚的國歌時，都有人提出意見說：把〈故鄉〉定爲國歌就好了。

當然，那也不是說《赤鳥》《金星》的童謠作品就禁不起時間的考驗。例如，一九二一年在《金星》上發表的〈七隻烏鴉〉就至今仍膾炙人口的。歌詞道：**烏鴉烏鴉爲何叫？因爲烏鴉在山上，有七隻可愛孩子，可愛可愛烏鴉叫，可愛可愛叫著呢；到山上看巢去吧，眼睛又大又圓的，特別可愛小朋友。**

也就是說，決定童謠品質的不外是歌詞和旋律之美。教科書上會有名曲，民間雜誌也一樣會產生人人都愛唱的歌曲。

徒競走

ときょうそう
tokyousou

現在，雖然運動會的觀眾限於同學家人了，但凡是小學的運動會，仍一定有老師、家長、來賓參加的拔河賽。

日語「徒競走」是賽跑的意思。每年春天或者秋天，在各所小學舉行的運動會上，最引人注目的節目非賽跑和接力賽跑莫屬。把兩者翻成日文，便是「徒競走」和「relay（リレー）」。沒有錯，「relay」是個英文單字，但是日文裡確實沒有相同意義的詞，一般都叫做「relay」，並且用片假名音標寫下的。

一八六八年明治維新以後，日本引進歐美的學校制度，其中就有音樂科和體育科，以便給國民灌入西式節奏感。說到明治初年的教育，不能不談到教育家伊澤修二，因爲就是他親自去美國學到的內容，回來後跟日本國情結合，策畫了近代教育制度，也陸續擔任了高等師範學校、東京音樂學校、聾啞學校等的校長。今天聞名世界的YAMAHA鋼琴，也是創始人山葉寅楠在伊澤的指導下，製造出日本第一台風琴開始的。

據說，運動會的原型始於英國，可是日式運動會，從一開始就跟民間傳統的「花見」即賞櫻花、踏青或者秋遊混合。譬如，一九四〇年代，在鄉下小學的運動會上，連附近居民都出來搭棚、吃野餐、參觀各項比賽，享樂一天的模樣，在太宰治的傑作小說《津輕》裡有很動人的描寫。

現在，雖然運動會的觀眾限於同學家人了，但凡是小學的運動會，仍一定有老師、家長、來賓參加的拔河賽。到了中午，家長們就在操場周邊鋪開蓆子來，要全家一起吃媽媽從早準備的便當，乃塞住「重箱」（じゅうばこ juubako）即多層方形漆器木盒的。「重箱」算是日本廚房的家寶，只在元旦吃年菜的時候，以及春天在外頭賞櫻花的時候，才從櫃子裡拿出來用。可見運動會扎根於日本民間風俗的深度吧。孩子小學的運動會，被視爲關係全家的大活動，果然是有民俗來源的。

二〇一三年，我家閨女讀小六，對我們小家庭而言，是最後一次的運動會了。幸好，女兒身體高大、運動能力強，不僅在全員參加的徒競走上留下可觀的成績，也被選拔當上了接力賽隊員之一。我們很高興女兒在最後一次的運動會上發揮能力，只可惜未能請她爺爺、奶奶、姥姥來欣賞孫女、外孫女的英姿。祖父母家住得遠，外祖母雖然住得不遠卻有腰痛的老毛病。還好，事後把幾張照片郵寄給老人家看了。

仿冒制服

ナンチャッテせいふく
nanchatteseifuku

誰料到，那西服套裝式的制服，對日本中學生很有吸引力，尤其是女學生的花格百褶短裙和小領帶特別受歡迎。

我上中學的時候，日本的初中、高中大多都有制服；男的穿黑色立領金釦子上衣和長褲子，女的則穿深藍色水手服上衣和百褶裙。那樣式的歷史，可追溯到近代初期。明治維新以後的日本，從當時先進的歐洲國家引進了種種社會制度，包括軍隊和學校。一八七九年，專門教育貴族子弟的學習院率全國之先採用了立領式制服，乃模仿了法國、德國軍裝的。至於女學生穿的水手服，據說是九州福岡女學院於一九二一年最初採用的。

到了二十世紀後半葉，我上中學的年代，日本的高中升學率已超過百分之九十。高等教育的平民化難免導致學生水平的低落。有些學生本來就沒有能力讀高中，勉強升學以後，無法消化學習內容。爲了發洩怨氣，他們組織小流氓團體來集體從事違規活動，如：抽菸、吸毒、打架、亂搞男女關係等。也爲了讓人知道自己的身分跟一般學生不同，他們紛紛改造了學校制服。男學生的制服下水後就把上衣弄得特長，把褲子弄得特寬；女學生則把上衣弄得很窄很短，把裙子卻拉加到極點。學校方面，爲了取締違規行爲，找本人和家長談話。然而，一旦改造過的制服，要改回去也費時間和金錢。最後，部分學校乾脆放棄原來的制服，而採用了西服套裝式的新制服。那是一九九〇年代的事情。

誰料到，那西服套裝式的制服，對日本中學生很有吸引力，尤其是女學生的花格百褶短裙和小領帶特別受歡迎。動漫作品裡，穿著西裝制服的人物到處氾濫。有些私立中學，採用了可愛新制服後，報考人數一下子提高，鞏固了學校的經營基礎。轉眼之間，維持老派制服的學校成爲少數了。

曾經一九六〇年代，受了中國紅衛兵和法國五月風暴分子之影響，日本不少學生也參加校園政治運動，要求校方取消制服，還給學生服裝自由。今天的青少年可不同，即使沒有校方指定的制服，也要自己買來一套類似的套裝穿上。對他們來說，穿上仿冒制服上課、上街，猶如cosplay，帶來跟化裝成動漫人物一樣的樂趣。

最近，我女兒上的小學慶祝創校六十週年。公立小學沒有制服，但是班主任囑咐了同學們要穿上正規點的衣服來參加典禮。結果，平時穿T恤、牛仔褲上課的六年級女孩子們，紛紛穿上花格短裙，繫領帶。我對女兒說：那些中學生穿的本來就是仿冒制服，你們更是冒充穿著仿冒制服的中學生，哪有這樣的規矩？

日本中學生愛穿的仿冒制服，因爲不是學校指定的，一個人可以擁有好幾套，每天輪流地穿上都不妨。我兒子上的公立高中沒有制服，所以有個女同學收到了錄取通知書以後，馬上跟母親一起去服裝店買了三套仿冒制服。她們認爲，仿冒制服有兩個優點。首先，因爲是制服，不需要每天換，也不需要花時間去研究不同襯衫和裙子、背心、領帶、襪子等等的搭配。其次，因爲不是制服，可以選擇合自己口味的式樣、顏色等。

我在這兒用的仿冒一詞，日語原文是「ナンチャッテ(nanchatte)」，乃口語裡，半開玩笑地，自己否定自己之前言行的時候用的。

據傳說，一九七〇年代的東京鐵路山手線車廂裡，頻頻出現了一個穿著短褲、戴草帽的老頭子，別人稱他爲「ナンチャッテ(nanchatte)おじさん(ojisan)（歐吉桑）」。他跟小孩子一般，背著身跪在長座位上，打開窗戶看風景，忽然間草帽被風颳走，就開始捂住臉大哭。當別人開始擔心的時候，他就放開雙手，伸出舌頭說「ナンチャッテ(nanchatte)」，並拉繩子把草帽從車外拉回來戴上就走。這是一則在日本非常有名的「都市傳說」，當年在傳媒上經常被介紹、討論。後來，那老頭子用的「ナンチャッテ(nanchatte)」一句話，被大眾用

來形容各種假裝、仿冒、半不認眞的行爲和東西了。曾經爆紅一陣的早安少女組有一首歌叫做〈nanchatte戀愛〉，指的就是半不認眞的男女關係。

自從傳說中的「ナンチャッテおじさん」失蹤以後已將近四十年了。這個老俚語重新獲得了生命，無疑是它跟女中學生服裝相結合的關係。因爲日本社會文化的變童癖滿嚴重的，已超過法定婚姻年齡的女青年似乎都得被迫假裝爲少女。花格短裙和深藍色棉襪，本來是合適於十二、三歲女孩子穿的，到了十七、八歲還穿上的話，難免有身分錯亂的嫌疑。但如果那是學校指定的制服，或者服裝專門店掛著「學校系列」的招牌出售的商品，個人則會被免責。

雖然仿冒制服是誰都可以買的商品，但一般說來，還是高中生年齡以下的女孩子才會買來穿。否則的話，就會被視爲行騙或者精神上出了問題。我一個同事的女兒，某年三月初高中畢業以後，直到同月三十一日，幾乎天天都穿上仿冒制服跟女同學一起上街。據她們說，爲的是盡情享受最後一段女高中生的日子。果眞，到了四月一日，新學年開始，她們就把那些仿冒制服裝在箱子裡封住，再也不拿出來穿了。

有一次跟台灣的魏德聖導演對談，我問了他：對日本社會有什麼印象？魏導的回答很特別。他說：日本人好像特別喜歡制服，連搬家公司的人都穿著制服工作。在《海角七號》最後，有樂隊成員們穿著制服上舞台的橋段，象徵不同族群之間的和解，也許是導演在日本獲得的靈感。

魏導說得沒有錯。在日本，除了警察局、地鐵站、消防局以外，還有加油站、計程車、便利商店、超市、百貨公司、郵局、銀行等等的工作人員全穿著制服做事。至於蛋糕店、拉麵店、西餐廳、車站小賣部等等更不在話下。在那些單位，職工上班以後做的第一件差事就是穿上制服，他們下班以前做的最後一件差事則是脫下制服。日本機關、企業的「制服指數」確實比世界其他國家地區都高吧。

制服是單位分配的，職工方面沒有拒絕的權力。以前，有一些大企業專門叫女職工穿上制服，被批評爲性別歧視。最近卻很少聽到有人埋怨被迫穿制服了，恐怕跟失業率提高有關係。制服對內喚起集體精神，對外傳達公司的形象。再說，穿上了制服，個性就被淡化。在集體主義的日本社會，最大的忌諱是出風頭，引人注目，職場上的制服猶如戰場上的迷彩一般，會起防禦作用。掩蓋個性的同時發揚集體的形象，制服跟日本的職場文化確實搭配得很好。

另一方面，向來有人著迷於穿著制服的異性。在王家衛導演的《重慶森林》裡，梁朝偉演的警察和當空姐的前任女朋友偶然在便利商店碰面，就彼此挖苦對方說「你穿著制服更好看」。空姐在廣大社會上的明星般地位也多多少少來自她們穿上的制服。日本《朝日新聞》有一次進行民意調查，問了讀者：您最喜歡什麼制服？可見在日本，嚮往制服被視爲再自然不過的事情。結果獲得了第一名的果然是空姐制服，第二名是飛機駕駛員的。第三名以下則分別屬於神官、鐵路人員、飯店工作人員、警察摩托車隊、消防隊、護士、太空人等等。

跟舊有的禮服式制服不同，日本近年來從事體力勞動的人穿上的運動裝類制服開始普及。魏導說的搬家公司制服就是其中之一。佐川急便公司的宅配員，一律穿上藍白橫紋的開領汗衫，獲得顧客的好評。於是公司方面抓住商機，出版了寫眞集叫做《佐川男子》，圖文並茂地介紹該公司送貨司機中的五十名帥哥，當然每個人都穿著那汗衫制服。

坊主頭

ぼうずあたま
bouzuatama

日語的「坊主」是和尚的意思，「坊主頭」則意味著和尚一般的光頭了。日本高中的棒球隊，十之八九要求隊員剃光頭。

我兒子在小學打了四年壘球，在初中又打了三年棒球。周圍人都以爲，上了高中後，可能繼續打棒球的吧。畢竟，高中棒球在日本是廣大球迷關注的熱門競技。每年八月分在甲子園棒球場舉行的大會，一定由公共電視台向全國各地直播，而甲子園的英雄又往往被職業棒球隊以優厚條件網羅。然而，我家的高中新生卻毅然謝絕國民性運動項目的誘惑，選擇加入手球隊了。外人不解，本人不說，做母親的倒深深明白原因何在：「坊主頭」。

日語的「坊主」是和尚的意思，「坊主頭」則意味著和尚一般的光頭了。日本高中的棒球隊，十之八九要求隊員剃光頭。兒子上的公立名校也不例外：其他同學都留著長頭髮，穿著五顏六色的便裝去上課，唯獨棒球隊員一律光著頭，上課時穿黑色立領學生服，下課後馬上換穿棒球服，好似他們永遠沒有課餘休假時間一樣。

其實，早在初中時代，大多數隊友加上教練都剃著光頭的；好在沒有明文規定，教練又沒有強制不肯剃頭的球員非照做不可。儘管如此，來自同學的橫向壓力還是一直有的。被人問道：爲什麼只有你一個人不剃頭呢？男孩子只是喃喃自語從不開口講大道理。我心裡倒覺得：髮型該屬於個人自由，人家又不是一群囚犯，何必一律剃光頭？

光頭在很多社會是對犯人的刑罰。歐洲的光頭黨，又是對主流社會不滿的種族主義者集團。在日本，傳統上剃光頭的只有佛教和尙。明治維新以後，新政府首先用法律禁止了平民男性綰髮髻，接著施行徵兵制，一旦當兵就得穿上軍服，並理個「坊主頭」了。如今強制中學球員剃光頭，意義在於要求他們把全部時光和精力花在練球上，而不要去想，更不要去做別的事情，例如：研究時裝、談戀愛。該可以說：光頭是服從的標記。

因此，前一段時間，有個AKB48組合的女成員，違規跟男朋友過夜，被狗仔雜誌曝光後，爲表示已改過自新，馬上自行剃光頭，並把「坊主頭」畫像放在網路視頻上，引起了社會的爭議。那女孩以及廣大日本社會，都明白剃光頭等同於鞭打自己。

有趣的是，高中手球隊的新生中，有好幾個學生是跟我兒子一樣，以前屬於棒球隊，升學後卻拒絕剃頭而改行的「原棒」一族。他們選擇自己的髮型，也選擇自己的服裝，結果整個人都開朗快活充滿自信起來，做母親的也替他們高興。

新歡

しんかん shinkan

本來不容易記住，可是一天裡重複唱了許多次以後，年輕學子一定能記住全部歌詞，而且從此一輩子也不會忘記了。

高一的兒子說：這週六將有個「新歡」，不在家吃晚飯。請不用以爲我養著個小流氓。他說的「新歡」是「新入生歡迎會」的日語簡稱。

如今的日本高中有好多次「新歡」。最初是四月中旬，新生剛入學不久，全校九百六十名學生加上老師共約一千名，租下東京府中之森藝術劇場大禮堂，從上午到下午，花好幾個鐘頭來欣賞表演。上舞台的是二年級和三年級的學長學姐們，分別代表各社團演出各種節目，以示歡迎新生入學。

第一個節目是齊唱校歌。學校的吹奏樂團、弦樂合奏團、合唱團超過一百人上大舞台，在學生指揮的領導下，跟客席的師生們一起合奏合唱校歌。日本的每一級學校，從小學到大學，都有自己的校歌，而新生入學的四月是一年裡唱校歌的機會最多的月分。

三十餘年前四月的某一天，我上早稻田大學政治學系。上午有全校的入學典禮，下午則有系裡的入學典禮。開幕之前，都在高年級同學的指導下，學唱校歌〈首都西北〉：**首都西北早稻田森林裡，聳立的大樓是我們的母校，汝知否我們日日的抱負，進取的精神和學問獨立，不忘現實的久遠理想，等看我們光輝的將來，早稻田，早稻田，早稻田，早稻田，早稻田，早稻田，早稻田**。這還只是第一段，而總共竟有三段文言歌詞呢。本來不容易記住，可是一天裡重複唱了許多次以後，年輕學子一定能記住全部歌詞，而且從此一輩子也不會忘記了。以我本人爲例，不僅〈首都西北〉和高中的校歌〈桐蔭會歌〉甚至初中和小學的校歌，都至今牢牢記得，即使畢業以後好幾十年都沒機會演唱，仍然可以隨時唱個整段來。

所以，我估計，兒子他們也一樣，那天就學會了校歌：**橘子花兒香氣芬芳，嫩草萌芽的校舍裡，新的希望今朝盛開，國立高中，我們的光明**。根據學校網頁（因爲兒子不告訴我），之後的節目有：吹奏樂、弦樂、民俗音樂、落語（日本傳統的單口相聲）、話劇、劍道、少林寺拳法、體操、啦啦隊、舞蹈等等的演出，以及各球隊代表的小品。

那一次的「新歡」是全校的活動，這週六則是手球隊約二十名成員參加的內部活動。至於內容，好像主要是大家輪流上舞台演小品，邊吃邊看邊說笑。跟我自己的高中年代相比，今天的日本學校文化活動多很多了。那意味著，同學們快樂地過著學生生活，做父母的也替他們高興。

合宿

がっしゅく
gasshuku

因為有日本的公共電視台NHK主辦的全國合唱競賽會和朝日新聞社舉辦的全日本吹奏樂競演會等，好比跟棒球的甲子園大會一樣，許多學校的團體都以參加競賽會得獎為目標，不惜消耗寶貴的青春時光。

日語「合宿」，翻成中文是集體訓練，一般指一批運動員在教練的帶領下，到具備專用運動場的宿舍去，從早到晚練球鍛鍊，並加強隊友之間溝通的活動。

我自己曾屬於高中排球隊，去過一次爲期三天的「合宿」。上了早稻田大學政治學系，三年級以後屬於指導教授開設的研究班，也有每年一次同學們和導師一起去的「合宿」，爲的是徹夜討論學術問題。另外，當年我上的語言學校日中學院，都有同班同學和班主任包下東京市內的小旅館做的「合宿」。傍晚集合後，大夥兒協力做晚飯吃，然後則喝酒、聊天、唱中文歌，例如：〈義勇軍進行曲〉即中華人民共和國國歌、〈游擊隊之歌〉、電影《白毛女》主題曲〈北風吹〉、〈我的祖國〉、讚美毛澤東的〈草原上升起不落的紅太陽〉、推進「四個現代化」運動的〈甜蜜的工作〉，還有取材於民歌的〈康定情歌〉〈草原情歌〉以及〈茉莉花〉等等，直到再也受不了噪音的鄰居終於報警，警官來敲宿舍門爲止。可以說，種種「合宿」是永不磨滅的青春回憶之一部分。

今年老大兒子上高中，順便加入了學校手球隊，到了暑假，除了天天的練習以外，還有四天三夜的「合宿」，要去位於富士山腳的山中湖附近。我的學生時代，山中湖早就作爲「合宿銀座」名氣不小，因爲那裡有很多運動員「合宿」可以練習的設施。據說，當地的網球場多達一千座；果然各大學的網球隊，紛紛去山中湖「合宿」。畢竟，那裡離東京不遠，坐汽車去還是坐火車去，都用不著兩個鐘頭就能到達。

這回，兒子學校的男手、女手兩隊共四十名，以及民俗音樂研究會三十名，共同合租大車，往世界文化遺產富士山出發了。原來，山中湖的「合宿所」很多也有具備鋼琴的大房間，接受各級學校的合唱團、交響樂團、弦樂合奏團、吹奏樂團等來盡情練習。尤其是合唱團和吹奏樂團，因爲有日本的公共電視台NHK主辦的全國合唱競賽會和朝日新聞社舉辦的全日本吹奏樂競演會等，好比跟棒球的甲子園大會一樣，許多學校的團體都以參加競賽會得獎爲目標，不惜消耗寶貴的青春時光，天天向目標邁進。

我總覺得，生育孩子，做父母的確實能學到不少事情。例如，學校的功用。從前我就以爲是有效地灌輸各方面的知識，以及交上朋友。現在才發覺：原來，球隊、樂隊等課外活動的意義也非常大。出社會以後，不容易接觸到的體育、文化活動，在學校就有現成的環境。不充分利用就太浪費了。

學童疏開

{がくどうそかい gakudousokai}

為期一年多的「學童疏開」，對幾十萬小孩來說，是地獄一般的恐怖經驗，所留下的心理創傷，後來多年都折磨著他們。

老母脾氣古怪，做事始終鬼鬼祟祟，一會兒小聲告訴哥哥說：別把這件事讓妹妹知道了；一會兒又偷偷跟妹妹講：這是我跟妳之間的祕密啊，千萬不要告訴妳哥哥啊。結果，家裡老有幾項陰謀在進行，叫人活得很累。我估計，她這種性格，至少一部分是給小時候的遭遇造成的。

第二次世界大戰末期的一九四四年夏天，北太平洋塞班島的日本守備部隊全滅，美國B-29轟炸機開始飛來日本投擲炸彈了。爲了提高防空效率，並且保存日後的戰鬥人員，日本政府決定讓住在大城市的小學三年級到六年級兒童，統統避難到鄉下去。如果有老家、親朋家願意提供住宿和糧食的話，可以由家長帶去避難；否則，就在校長的帶領下，要集體去農村地區住當地旅館、寺院等等了。這一計畫叫做「學童疏開」。

成爲「學童疏開」對象的小朋友，全國十二個城市共有四十萬人。光是首都東京，就多達二十五萬名了。四四年七月發表的計畫，在兩個月內匆匆實施，在九月底以前，已經有四十一萬名學童往農村出發，東京、名古屋、大阪、神戶等大城市都看不到小孩了。由於美軍轟炸越來越頻繁，不久小學一年級、二年級同學，甚至還在托兒所的小娃娃都被送到鄉下去了。

家父當年十歲，家母則八歲，分別從東京西部的中野區和東部的葛飾區，被送到福島縣和新潟縣。如今上網查有關「學童疏開」的資料，首先就看到：複雜的人際關係、糧食不足、語言習俗之不同、欺凌、歧視、飢餓、爭奪食物、頭虱、跳蚤等等一律負面的關鍵詞。可見，爲期一年多的「學童疏開」，對幾十萬小孩來說，是地獄一般的恐怖經驗，所留下的心理創傷，後來多年都折磨著他們。

我就是從小經常聽母親講：出發之前說，去了農村天天可以吃白米飯的，實際上完全不是那麼回事，總是挨著餓，若在田地裡看到可吃的東西，馬上丟進嘴裡去，管他是樹根還是昆蟲。但最糟糕的是，當地農家捐獻的食物，給老師們搶奪吃掉不在話下，還給他們倒賣出去了。可傻乎乎的孩子們，還成排跪在冷冰冰的走道上，磕著頭齊聲感謝大人慷慨的捐獻呢！

老母八歲就看透了人性，後來對任何權威都不敢恭維，對任何主義都不買帳了。更嚴重的是，跟她同代的日本人多多少少在骨子裡有虛無主義的傾向。由他們看來，正直絕對是下策，不撒謊則會心虛。這也該說是戰爭的後遺症之一吧。

拾

國境之南北

國性爺

こくせんや kokusenya

據說，劇本裡，許多情節是作家憑空創造的，並沒有歷史根據，因此不敢用真實名稱的國姓爺，改成了同音的國性爺。

說到國姓爺，大家都知道是明末清初的英雄鄭成功的別名吧。他父親是當年的東海霸主鄭芝龍，母親則是日本武士之女兒田川松。他自己在母親的故鄉日本長崎平戶島出生，七歲回老家福建讀書，後來投奔於反清復明，渡台驅逐荷蘭人等史實，都在日本廣泛傳播。一個原因是江戶時代最著名的劇作家近松門左衛門，根據鄭成功的生平寫的傀儡戲《國性爺合戰》頗受歡迎。一七一五年在大阪竹本座劇場的初次演出，天天客滿，竟然連續公演十七個月，樹立了當年的票房新紀錄。

將近三百年以後的二〇一一年，同一個作品在東京國立劇場演出歌舞伎版本，人氣仍然特別高，很難買到票的。

不過，在近松寫的劇本裡，主人翁不叫鄭成功而叫和藤內。和是大和的和，藤是唐字的諧音，內則是日語「非」的意思。和藤內三個字加起來，有「非日非中」的涵義了。更荒唐的是主人翁的雅號，竟從國

「姓」爺改為國「性」爺。據說，劇本裡，許多情節是作家憑空創造的，並沒有歷史根據，因此不敢用眞實名稱的國姓爺，改成了同音的國性爺。雖然姓和性在中文裡和日文裡都是同音，但是字義相差太遠了。國姓指明朝皇室的姓氏朱。國性到底會是什麼意思呢？日本人對漢字，有時候就是這麼地不敏感。

二〇一一年在東京國立劇場的歌舞伎演出，我滿懷期待地去看了。然而，整齣戲的日本味太重了，沒有表現出南方海洋的歡樂氣氛來。尤其令我失望的是鄭成功的父親鄭芝龍的造型。根據史料，他是在澳門受了洗禮的天主教徒，西方資料稱之為尼古拉・一官；能操閩南語、南京官話、日語、西班牙語、葡萄牙語；既是劍道達人又是西班牙吉他的名手；總的來說是個性強烈的魅力漢子。然而，在近松的筆下，他倒成了年邁衰弱的老一官。

東京國立劇場的公演，也由於時間的限制，從總共五段的劇本裡抽出了開頭的三段來演出。結果，落幕前的情節高潮，竟是老一官的前妻生的女兒和後妻即和藤內的母親雙雙自盡的場面。兩個女人自殺的目的是替家裡的男人免除後顧之憂，使他們能夠為反清復明而拚命。日本的傳統戲劇雖說有可愛之處，但是戲裡女性自殺或被殺的頻率太高了。在近松門左衛門的時代也許符合觀眾口味，可是以現代的眼光看來，不能不說有厭惡女人的嫌疑。

伊澤修二

いざわしゅうじ
izawashuuji

伊澤早年去美國留學，認識了加拿大籍發明家亞歷山大·格拉漢姆·貝爾，一八七六年當貝爾成功地開發出第一台電話機的時候，伊澤當上了試用者。

有些人在事業上的成就很大，歷史上留下名字；也有些人在事業上的成就一樣大，可卻被後人忘記。如今日本甚少有人知道伊澤修二爲何人，可說他是屬於後者之列吧。

樂石先生伊澤修二（一八五一～一九一七）被後人忘記，恐怕有兩個原因。一來他脾氣暴躁，一輩子被撤職了三次，果然不大討人喜歡。二來他的事業範圍非常大，竟可以說太大了，不光是普通人，連事業學者都不容易掌握他事業的全貌。

在日本，他主要被記爲近代音樂教育的創始人：一八八一年出版了日本第一本音樂教科書《小學唱歌集》；八七年創立國立東京音樂學校，順理成章擔任了第一任校長；他也給YAMAHA樂器行的創業人山葉寅楠傳授了西洋音樂理論，幫他完成第一台日本製風琴，爲該社後年成爲世界最大樂器行打下基礎。在台灣，伊澤則被記載爲一八九五年日本占領後第一任的總督府學務長，開創了當地的近代教育制度。

不過，他的足跡並不限於日本和台灣。伊澤早年去美國留學，認識了加拿大籍發明家亞歷山大・格拉漢姆・貝爾，一八七六年當貝爾成功地開發出第一台電話機的時候，伊澤當上了試用者。兩年後回日本，他就翻譯英國生物學家赫胥黎的著作，把進化論介紹給日本人。他不僅精通音樂和英語，還沒有赴台灣之前，就分析好北京官話發音的生理機制，完成了《日清字音鑑》一書。而且赴台後就發現當地通用的閩南話跟北京官話相差很大，結果不到一年內就編撰《台灣十五音字母表附八聲符號》等兩本教科書，親自訓練出來四十五名會說簡單閩南話的日籍教員了。

伊澤修二出生於日本中部長野縣的山區，身爲下級武士的孩子，十六歲就到當年江戶即現在的東京學英語。同一年德川幕府被推翻，翌年明治新政府成立。伊澤上東京大學深造，畢業後任職於文部省，二十四歲被派到美國去研究師範教育學。在美國，他學普通科目並不困難，唯獨音樂課覺得特別難學，另外也被英語發音所困擾。於是一方面找著名音樂教育家梅森求學，另一方面則對發聲生理學進行研究，成功地矯正了英語發音。也就是說，他把自己的兩個弱點克服後，在這兩方面成爲了日本第一把交椅的。

明治政府派去美國研究師範教育的樂石先生伊澤修二，在一八七六年的費城世博會上，看到了一幅掛圖畫滿著既非希臘文又非拉丁文的奇怪文字；詢問後得知，原來是教啞巴說話用的文字，那套教育法就叫做視話法。伊澤後來回憶說：知道世上有視話法這回事，我就高興得猶如暗夜裡得到了光明一樣，因爲既然能夠教啞巴說話，平常人如我則一定能夠把英語發音矯正過來的。他好興奮地追問該去哪裡找視話法老師，被告知是加拿大籍發明家亞歷山大・格拉漢姆・貝爾先生府上。伊澤馬上去訪問當時居住在波士頓的貝爾，未料他正忙於開發電話機。幸虧，貝爾對學日語有興趣，最後答應透過視話法教伊澤英語發音。

視話法是把各個韻母、聲母的發聲、發音機制分解爲喉嚨肌肉、舌頭、牙齒、嘴唇等的位置和動作，透過視覺符號去教授正確發聲和發音的方法。用伊澤的話則是：把從嘴巴出來的聲音，不去用耳朵聽，倒去用眼睛看，然後按照符號去動自己的嘴巴，誰都能在短暫的時間裡掌握正確的發音。

貝爾的母親是聾啞，他父親爲妻子發明了視話法。可是，在故鄉蘇格蘭不被廣大社會接受，舉家移居加拿大來要嘗試教啞巴發聲的。伊澤卻看出來：視話法的用處不僅是聾啞教育，用了它還能夠寫下世界上任何語言的音韻。他跟貝爾學好英語發音後，更加確信視話法的功能了。該說伊澤有先見之明，因爲如今普及全球的國際音標是他認識貝爾的十二年後，一八八八年才第一次制定的。

伊澤結束爲期三年的留學，回日本後，奉命當上了體操傳習所主幹、東京師範學校校長、音樂調查處成員。明治維新後的日本政府，在一八七二年發布的學制裡，已決定各級學校將要教音樂課。但那是把西方國家的學制直接翻成日文的。實際上，剛在列強壓力下打開了國門的日本，還沒有能教音樂的人才。伊澤邀請留學美國時的音樂恩師梅森來日本，幫他們策畫各級學校的音樂課程。有趣的是，猶如用了視話法就能寫下世界上任何語言的音韻一樣，伊澤也把日本雅樂、俗樂、西樂、清樂的作品都在五線譜上記下來，互相比較而研究該教哪些音樂給日本學子們。

樂石先生伊澤修二從美國回來後在政府文部省裡開設的音樂調查處，一八八八年終於升級爲國立東京音樂學校，即現在的東京藝術大學音樂系。時任文部省編輯局長，負責刊行教科書的伊澤，不僅當上日本第一所音樂學校的校長，而且兼任盲啞學校的校長。近代初期的日本，各方面的人才都欠缺，他一級的能人非得身兼幾個職位不可。

只是，俗話說天才和瘋子只隔一張紙；伊澤脾氣暴躁的程度，顯然有時候他自己也控制不住。他爲日本政府機關做事，竟然被撤職過三次，看來都是激烈的性格所致。第一次是剛大學畢業加盟文部省不久，關於一名學生的處分問題跟司法部鬧起來被開除。第二次就在身兼幾個要職的一八九一年，跟文部省同僚鬧矛盾而又被撤職，下野後在國家教育社的活動上傾注了心血。他擔任社長的國家教育社，一方面推行國語教育以便加強國民意識，另一方面則主張普及公費教育。

在美國留學的時候，透過貝爾式視話法學會了英語發音的伊澤，回到日本就用視話法教啞巴說話，失去了公職後，又研究起漢語音韻來了。他一方面跟家庭教師學北京官話，另一方面細讀英國漢學家威妥瑪一八八六年問世的《語言自邇集》，並從視話法角度加以分析，一八九五年完成了《日清字音鑑》一書。

同一年，日本和清廷簽署馬關條約，獲得了台灣。伊澤主動接任台灣總督府第一任學務長之職，看來有教育家的抱負和語言學者的興趣。到了台灣以後，他發現原來當地漢人講的閩南話跟北京官話相差非常大，於是趕緊學習閩南話的發音，整理出《台灣十五音字母表附八聲符號》和《台灣十五音字母詳解》二書。

翌年四月，回東京彙報以後重新渡台的伊澤，帶領了即將在台灣給當地人傳授日語的四十五名候補教員。他們是日本各地的師範學校畢業生。抵達台灣後，伊澤就花三個星期徹底給他們灌輸了閩南話的十五個韻母和八個聲調，然後又花四十天教了課堂上最必要的一些句子。即使在今天，會說閩南話的日本人不算多。伊澤修二在台灣待的時間也不長，因爲赴任兩年後又跟上司衝突而被撤職了，究竟怎樣學會閩南話，又成功地訓練出日語老師，簡直令人不可思議！

一八九七年，四十六歲的樂石先生伊澤修二，在教育經費問題上，跟直屬上司民政局長水野遵以及時任台灣總督的陸軍中將乃木希典鬧翻，被第三次撤職而離開了台灣。同一年，他奉命爲貴族院議員，也當上東京高等師範學校校長。一九九〇年患上腐敗性氣管炎住院，辭掉了貴族院議員以外的一切公職。一九〇一年出版《視話法》，兩年後在東京小石川的自宅開辦了樂石社。社名的來源，乃跟地名中的小石同義的礫字，分開兩半而得的樂石。伊澤在〈樂石社規程〉裡寫：本社將要進行各種實驗，語言研究部則專門關注音韻學和語言學，並且要應用研究得來的學理。至於具體的事業內容，他就列舉：傳習視話法；傳習正確日語發音；傳習正確英語發音；傳習正確清國語音；傳習正確台灣語音；矯正方言腔調；矯正口吃；訓練啞巴說話。

然而，公開募集了學生的結果，只有七個人報名，而且全都是希望把口吃矯正的。貝爾來日本演講的時候，伊澤負責翻譯，同時跟他學了口吃矯正的理論。在當年的日本，口吃被視爲不治之症，他卻應用視話法的識見來進行了發聲訓練。結果，一般都在三個星期內能治好口吃，在他一九一七年去世之前，共治好了五千人。後來由長子伊澤勝麻呂繼承樂石社，並治療了兩萬人，對廣大社會的貢獻非常大。

儘管如此，伊澤修二的抱負本來遠遠不限於矯正口吃的。他研究漢語音韻的成果，在《日清字音鑑》之後，一九〇四年又出版了《清國官話韻鏡》，其中採用著彷彿今日漢語拼音標調法的四聲符號。其實，在這之前，他早把三女伊澤乙女嫁給最早期的中國留日學生，即後來的清政府公使吳振麟；吳汝綸一九〇二年來日本考察教育制度時會見伊澤修二，由吳振麟記錄，即《東游叢錄》中的一段，而結的緣。伊澤去世前一年，還去過中國大連，對當地漢族的口吃者進行爲期二十三天的訓練，並取得了可觀的成績；未料，回日本正辦理赴美手續的時候，因腦溢血驟亡了。奇人樂石先生伊澤修二享年六十五歲。如今日本長野縣伊那市仍保存著他出生的家，作爲市寶文物向世人免費公開。

北白川宮和竹田家

〔きたしらかわのみやとたけだけ kitashirakawanomiyatotakedake〕

第二次世界大戰結束以後，盟軍占領日本，把皇族給解體了。除了昭和天皇裕仁的三位弟弟家以外，其他十一家共五十一名皇族，都自一九四七年五月三日起成了平民。

幾年前的台灣電影《一八九五》讓我感到很意外的是：帶領日本陸軍部隊去接收台灣的近衛師團團長，戰場上得瘧疾喪命後在台灣神宮被供奉的北白川宮能久親王，竟由帥哥演員日比野玲飾演成相當正派的角色。不過，網路上查看親王本人的圖片，確可算是個美男子，怪不得曾留學普魯士期間跟當地貴族寡婦談上戀愛，若不是日本政府出面干涉，就成了娶西洋太太的第一位日本皇族了。

二〇一二年九月，在布宜諾斯艾利斯舉行的國際奧運委員會總會上，成功地贏得了二〇二〇年奧運舉辦權的日本奧運委員會會長竹田恆和，所散發的高雅，比起給媒體捧紅的瀧川雅美都有過之而無不及。這個銀髮迷人的老先生是誰？

果然，一九四七年出生的竹田，不僅是慕尼黑、蒙特利爾兩次奧運會馬術項目的日本代表，而且是前皇族竹田宮恆德王的三子，而恆德王又是竹田宮恆久王的長子。因爲恆久王是北白川宮能久親王的長子，娶了明治天皇的第六公主後被賜了竹田宮的號，竹田恆和就是能久親王的直系曾孫了。再說，最近常做電視節目嘉賓而展開右派言論，並且跟幾個女明星鬧緋聞的原慶應大學講師竹田恆泰便是竹田恆和的孩子。

根據竹田恆泰獲得了山本七平獎的《沒被講述的皇族們之眞實》一書，北白川宮家有「悲劇王府」的別名。能久親王四十八歲在台南喪命以後，第三王子成久王繼承了北白川宮家，可是一九二三年帶王妃遊學法國期間，自己駕駛汽車而超速，撞上洋槐樹當場死亡了，享年三十五歲。於是他長子恆久王，僅十三歲就繼承北白川宮家，十四歲便上了當年的陸軍幼年學校訓練成職業軍人。然而，誰料到，恆久王在中國張家口當陸軍參謀時候，被自家飛機撞死，享年僅三十一歲。也就是說，北白川宮家連續三代掌門都是在海外喪命的。

第二次世界大戰結束以後，盟軍占領日本，把皇族給解體了。除了昭和天皇裕仁的三位弟弟家以外，其他十一家共五十一名皇族，都自一九四七年五月三日起成了平民。相當於退休金的補助費，分給竹田家的只有五百四十四萬日圓而已。當時的掌門竹田恆德只好把位於東京高輪的舊宮殿賣給西武公司做飯店，乃如今的高輪格蘭王子大飯店。翌年，恆德就擔任起日本滑冰聯盟和馬術聯盟的會長，從此便在體育界生存，世人稱之爲「體育王府」了。日本第一個人工滑冰場後樂園冰宮就是他建造的。一九五九年，竹田恆德更當上日本奧運委員會會長，爲申辦一九六四年的東京奧運和七二年的札幌冬奧盡了力。

也就是說，前後兩次的東京奧運會，都是竹田家人的指揮下成功贏得的。如今六十六歲的竹田恆和，從小就練馬術，在父親身邊親眼觀察了多年奧運會運作以後，作爲選手參加過兩次奧運會。一九九八年長野冬奧會的時候，他則擔任公關主任和體育總監，二〇一二年更被選爲國際奧運會委員。換句話說，就有關奧運會的知識和經驗而言，恐怕全日本都沒有一個人能跟他比資格的。怪不得，在布宜諾斯艾利斯的講台上用英語演說，顯得那麼自然而可信。他就是北白川宮能久親王的曾孫，而因爲他祖母竹田宮恆久王妃是明治天皇的第六公主常宮昌子內親王，所以也是明治天皇的外曾孫。

森於菟

もりおと morioto

森於菟帶領妻子和三個兒子往台灣出發，同時把父親鷗外的遺物、遺稿等統統都裝在幾個大木箱裡，越洋郵寄到台北帝大去了。

在日本近代文學史上，唯一能跟夏目漱石比肩的文豪森鷗外與他家族，和台灣的因緣很不淺。二〇一三年十月，他孫子森常治乃早稻田大學名譽教授，出版《台灣的森於菟》一書，又介紹了很少被世人知道的歷史插話。

森於菟（一八九〇～一九六七）是鷗外和第一任妻子生的長子，常治則是他五男。森鷗外一輩子身兼小說家和軍醫。兒子於菟則從歐洲留學回來後做東京帝國大學醫學系副教授，一九三六年當台北帝大開設醫學部之際，被派去擔任解剖學講座。這時候鷗外早已去世，可卻有他妹夫，日本解剖學開創者小金井良精，極力勸於菟去台灣。

森鷗外跟隨北白川宮能久親王去台灣參與乙未戰爭一事，在台灣有電影《一八九五》加以描繪，在日本倒很少被提到。當然，森家人是一定知道的，何況是親生長子森於菟。再說小金井夫婦的女婿星一（微型小說家星新一的父親）是星製藥公司、星藥科大學的創立者，一九三四年就成立台灣星製藥公司，用在中央山脈上造林取得的規那，極力生產瘧疾特效藥奎寧。該說森於菟很有理由去台灣吧。

森於菟帶領妻子和三個兒子往台灣出發，同時把父親鷗外的遺物、遺稿等統統都裝在幾個大木箱裡，越洋郵寄到台北帝大去了。那時候，在東京團子坂的鷗外故居，還有他繼母和異母妹弟森茉莉、森類住著。可是，森於菟似乎有了不祥的預感。果然，同一年繼母去世，第二年由於客房失火，鷗外住過三十年的觀潮樓化為灰燼了。

從一九三九年到四一年，以及從四四年到四五年，森於菟擔任了台北帝國大學醫學部部長。太平洋戰爭爆發後，醫學部為防盟軍轟炸，在士林開設了研究所。森於菟就把鷗外遺物、遺稿藏在研究所後山挖的防空洞裡。戰爭末期，醫學部全體師生家屬到大溪避難，在那兒接到了日本投降的信息。四五年十月，台北帝大醫學部改為中華民國國立台灣大學醫學院，杜聰明博士當院長，日籍教員則暫時被留用。

一九四七年，森於菟被遣返回日本之際，不能把鷗外遺物等全部都帶著走，於是把九個木箱和內容目錄，託給住進了位於當年東門町北四條，現杭州南路森家舊居的蔡錫圭博士保管。目錄上寫著：書籍、雜誌、書信、照片、遺容面膜、雙六盤、啤酒杯、勳章等。四九年，於菟透過朝日新聞社向中華民國政府申請送還鷗外遺物而取得批准。五二年，由台灣醫學會負擔費用，在時任警務處長的陶一珊將軍的支持下，在台灣待了十三年的鷗外遺物，終於安全送回日本了。其間，東京團子坂的森家住宅，在四五年的空襲中又給燒掉一次，進一步證明了森於菟預感之準確。

如今在觀潮樓舊址上有文京區立森鷗外紀念館，展覽出有關鷗外的種種資料及研究成果，包括曾在日本和台灣之間往返過一次的老物件。在《台灣的森於菟》的卷頭和卷末，作者重複寫到：二〇〇四年，在台灣大學醫學院的大廳裡，由畢業生設置了森於菟的胸像。出於對父親老學生們的感激，本來研究美國文學、符號學的五男常治，寫出了《台灣的森於菟》一書。相信九泉之下的森鷗外、於菟父子都會點頭表示肯定的。

もちkagamimochi御 魂おとしだまotoshidama門松かどまつkadomatsu代代だいだいdaidai昆布こぶkobu喜ぶよ
okobu鏡開きかがみびらきkagamibiraki御雛 おひなさま ohinasama女房にょうぼうnyoubou 御天道 おてん
otentousama 御月 おつきさまotsukisama 御星 おほしさま ohoshisama 御爺 おじいさま ojiisama 御婆 おばあ
ama 御父 おとうさまotousama御母 おかあさま okaasama 御兄 おにいさまoniisama御 おねえさま oneesa
こさまokosama御 おじょうさまojousama御客 おきゃくさま okyakusama御犬屋敷おいぬやしきoinuyashiki
ぬさまoinusama雛祭ひなまつり hinamatsuri御雛 おひなさま ohinasama 雛祭ひなまつりhinamatsuri 雛人形ひ
ょうhinaningyou 流し雛 ながしびな nagashibina節分 花見せつぶ はなみ setsubun hanami 節分追儺 せつぶん
tsubuntsuina鬼は外 福は おにはそと ふくはうちoniwasoto, fukuwauchi 鬼おにoni 赤鬼あかおにakaoni 青鬼あ
ni 桃太郎ももたろうMomotarou一寸法師 いっすんぼうし Issunboushi 方 えほうまきehoumaki 花見はなみha
弁 はなみべんとうhanamibentou 前線 さくらぜんせん akurazensen 祭さくらまつり sakuramatsuri 夏祭なつま
matsuri 秋祭あきまつりakimatsuri 文化祭 ぶんかさい bunkasai 体育祭たいいくさい taiikusai 園祭 がくえ
kuensai 梅祭うめまつりumematsuri 祭さくらまつりsakuramatsuri 紫陽花祭 あじさいまつりajisaimatsuri藤祭
りfujimatsuri 菊祭きくまつりkikumatsuri 黄金週ゴールデンウィーク gorudenwiiku大 上げ祭 おおたこあげま
oagematsuri 鯉幟こいのぼりkoinobori 山車だしdashi 祭囃子 まつりばやしmatsuribayashi 紫陽花あじさい aji
あじさいajisai 手鞠てまりtemari 鞠と殿 まりととのさま maritotonosama手鞠 司 てまりずしtemarizushi 御中
うげんochuugen 御中元おちゅうげんochuugen熨斗 のしnoshi 水引みずひき mizuhiki 御 暮 おせいぼ oseibo 花
なびたいかい 花火大 はなびたいかい hanabitaikai 浴衣ゆかた yukata川施餓鬼かわせがき kawasegaki 猛暑も
usho 酷暑こくしょkokusho 夏日なつび natsubi 真夏日まなつび manatsubi可爾必思カルピスkarupisu真夏夜ま
natsuya熱 夜 ねったいやnettaiya 第九だいくdaiku第九だいくdaiku忘年會ぼうねんかいbounenkai 忘年 ぼう
ounenkai御 煮おぞうに ozouni餅もち mochi奶油 油味バターしょうゆ味batashoyuaji御 煮 おぞうにozouni安倍
かわもちabekawamochi磯 いそべまきisobemaki 御餅おろしもちoroshimochi 餡餅あんもちanmochi 御節料理
ょうりosechiryori 御節料理おせちりょうりosechiryouri 重箱じゅうばこjuubako 豆くろまめ kuromame 酢蛸 す
o蒲鉾かまぼこkamaboko伊達 だてまきdatemaki八幡 やわたまきyawatamaki の子かずのこkazunoko栗金 くり
kurikinton田作りたづくり tazukuri 生鮨きずしkizushi烏賊素 いかそうめん ikasoumen秋刀魚皿さんまざらsanm
寨 南京豆かぼちゃ なんきんまめ kabocha nankinmame 薯じゃがいも jagaimo柬埔寨 かぼちゃ kabocha 南京
んまめnankinmame菖蒲湯 柚子湯しょうぶゆ ゆずゆshobuyu yuzuyu 子供の日こどものひkodomonohi 武者人
にんぎょうmushaningyou 鯉幟 こいのぼりkoinobori柏 かしわ kashiwan柏餅 かしわもち kashiwamochi 菖蒲湯
ゆshoubuyu柚子湯 ゆずゆyuzuyu年越蕎麥としこしそば toshikoshisoba 御節料理 おせちりょうりosechiryouri
としこしそばtoshikoshisoba引越そばひっこしそばhikkoshisoba丙午ひのえうま hinoeuma八百屋阿七(やおや
aoyaoshichi心中(しんじゅう)shinjyuu 女子 (じょしかい)jyoshikai 妻(あくさい)akusai ○高(まるこう) ma
友(ママとも)mamatomo 媽媽友忘年 (ママともぼうねんかい) mamatomobounenkai 介護(かいご)kaigo 直
そう) chokusou相 (そうぞくぜい)souzokuzei赤飯(せきはん) sekihan 御 信仰(ごりょうしんこう) goryushi
梅伝 (とびうめでんせつ)tobiumedensetsu神佛習合(しんふつしゅうごう) shinfutsushuugou神の祟り(かみの
aminotatari文化祭(ぶんかさい)bunkasai都市祝祭(とししゅくさい)toshishukusai 御御御付(おみおつけ)omio
おつけotsuke中国語(ちゅうごくご)chuugokugo 打ち合わせ(うちあわせ) 打上(うちあげ) uchiawase uchiage
ちんぷんかんぷんchinpunkanpun ZuZu辯(ずーずーべん) zu-zu-ben 司すしsushi 煤 すすsusu青森辯(あおも
omoriben 西辯(かんさいべん) kansaiben 閃亮名字(キラキラネーム)kirakirane-mu蓮れん renLunaるな ru
u童夢 ドーム domu夢露メロウ mero綠夢グリムgurimu真裡愛 マリアmaria 新書(しんしょ)shinsho 中吊り(な
akazuri 携 (けいたい)keitai yankee(ヤンキー) yankiiyankee ヤンキー yankii 須賀マンボ よこすかマンボyok
bo 突っ張りつっぱり tsuppari 合 きあい kiai なめ なめなこ namenako れ家(かくれが)kakurega文化住宅(ぶ
うたく)bunkajyuutakuシャッター商店街(シャッターしょうてんがい)shatta-shotengai大店法(だいてんほう)V
法(だいてんりっちほうdaitenhou daitenricchihou東京五輪(とうきょうごりんtokyogorin新歌舞伎座(しんかぶ
abukiza 舞台(ひのきぶたい)hinokibutai 屋と鶴屋(かめやとつるや)kameyatotsuruya不苦 (ふくろう)fukuro
うhukurou蝙蝠と蛇の目(こうもりとじゃのめ)koumoritojyanome龍 と麒麟(たつまきときりん)tatsumakitoki
じゅかい)jyukai海老(えび)ebi巨人 大鵬 玉子 (きょじん たいほう たまごやき)ダイヤモンド富士(ダイヤモン
iyamondofuji不二ふじhuji着付教室(きつけきょうしつ)kitsukekyoushitsu太鼓結び(たいこむすび)taikomusubi
(リサイクルきもの)risaikurukimonokyojin taihou tamagoyaki祭囃子(まつりはやし)matsurihayashi着 堂(き
irakudou きらくkiraku 着 堂きらくどう kirakudou《洋洋:夏天的回憶》(ヤンヤン:なつのおもいで)鋼琴 表
はっぴょうかい)pianohappyoukaiPearl river(パールリバー)pa-ruriba 童 (どうよう)douyou 徒競走(ときょう
usou 重箱(じゅうばこ)jyuubako 仿冒制服(ナンチャッテせいふく)nanchatteseifuku nanchatteナンチャッテ nan
an:natsunoomoidenanchatte歐吉桑ナンチャッテおじさん nanchatteojisan 坊主頭(ぼうずあたま)bouzuatama新
shinkan合宿(がっしゅく)gasshuku 童疏開(がくどうそかい)gakudousokai国姓爺(こくせんや)kokusenya伊澤修
しゅうじ)izawashuuji 北白川の宮と竹田家(きたしらかわのみやとたけだけ)kitashirakawanomiyatotakedake 御
おとしだま かがみもちotoshidama kagamimochi御年玉おとしだまotoshidama 神としがみtoshigami鏡餅かがみ
mimochi御 魂おとしだまotoshidama門松かどまつkadomatsu代代だいだいdaidai昆布こぶkobu喜ぶよろこぶyor
きかがみびらきkagamibiraki御雛 おひなさま ohinasama女房にょうぼうnyoubou 御天道 おてんとうさま otento
おつきさまotsukisama 御星 おほしさま ohoshisama 御爺 おじいさま ojiisama 御婆 おばあさま obaasama 御父
まotousama御母 おかあさま okaasama 御兄 おにいさまoniisama御 おねえさま oneesama御子 おこさまokosa
ょうさまojousama御客 おきゃくさま okyakusama御犬屋敷おいぬやしきoinuyashiki 御犬 おいぬさまoinusama
つり hinamatsuri御雛 おひなさま ohinasama 雛祭ひなまつりhinamatsuri 雛人形ひなにんぎょうhinaningyou 流し
びな nagashibina節分 花見せつぶ はなみ setsubun hanami 節分追儺 せつぶんついな setsubuntsuina鬼は外 福は
と ふくはうちoniwasoto, fukuwauchi 鬼おにoni 赤鬼あかおにakaoni 青鬼あおおにaooni 桃太郎ももたろうMom

【新井一二三系列作品推薦】

掀開太宰治喝酒的酒吧門簾，吃著芥川龍之介光顧的老字號蕎麥麵，住進川端康成寫小說的三一七號房，漫步夏目漱石的早稻田……

《東京上流》

東京不是「地方」，而是一種「概念」，不是電車JR交織，而曾經是一座美麗水城，不是華麗冷漠，是新井一二三永遠可愛的家鄉。

《東京迷上車》

就算讀了夏目漱石村上春樹，就算飛了五十趟日本，就算熟悉櫻花祭花火節，沒有愛上中央線，不算是東京迷……

《東京生活意見》

為「此時此刻」活，而不為「將來某一日」活！四十二篇東京生活意見，陪你面對人生的抉擇時刻。

《我這一代東京人》

小津安二郎記憶裡的東京，魯迅記憶裡的東京，村上春樹記憶裡的東京，這些美好的昨日景象，至今仍在我這一代東京人眼前。

【新井一二三系列作品推薦】

每認識一個台灣朋友，就像讀了一本小說……

《僞東京》

【特別企劃】收錄新井一二三與酪梨壽司對談

一連串時效性文章，編織成一個時代的聲音，新井一二三準確的紀錄，第一手眞相衝擊你我看世界的角度。

《獨立，從一個人旅行開始》

【特別企劃】收錄新井一二三與韓良露對談

爲了終結青春，要越走越遠；爲了尋找幸福，要越走越廣；爲了不想寂寞，活出獨立自我，要越來越自由……

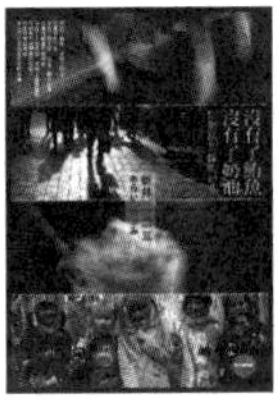

《沒有了鮪魚，沒有了奶油》

【特別企劃】收錄新井一二三與褚士瑩對談

沒有了鮪魚，沒有了奶油，但還有秋刀魚；沒有小室哲哉，沒有貴族首相，但卻有不談戀愛的年輕人，你是否曾經想過現在的日本就是未來的台灣……

《臺灣爲何教我哭？》

【特別企劃】收錄新井一二三與魏德聖對談

飛機要起飛的時候，我不想走，甚至有點想哭了！我終於發現了台灣有台北，台灣有台北之外……

國家圖書館出版品預行編目資料

和新井一二三一起讀日文㈡／新井一二三著．——
初版——臺北市：大田，民 103.12
面；公分.——（美麗田；140）

ISBN 978-986-179-372-6（平裝）

538.831　　103021218

美麗田 140

和新井一二三一起讀日文㈡

你一定想知道的日本名詞故事

新井一二三◎著

出版者：大田出版有限公司
台北市 10445 中山北路二段 26 巷 2 號 2 樓
E-mail：titan3@ms22.hinet.net　http：//www.titan3.com.tw
編輯部專線：（02）25621383　傳眞：（02）25818761
【如果您對本書或本出版公司有任何意見，歡迎來電】
行政院新聞局版台業字第 397 號

總編輯：莊培園
副總編輯：蔡鳳儀　執行編輯：陳顗如
行銷企劃：張家綺／高欣妤
校對：黃薇霓／蘇淑惠／新井一二三
印刷：知文企業（股）公司　電話：(04)23581803
初版：二〇一四年（民 103）十二月十日　定價：270 元
國際書碼：978-986-179-372-6　CIP：538.831／103021218

From：地址：________________

姓名：________________

廣告回信
台北郵局登記證
台北廣字第01764號

平信

To：**大田出版有限公司　（編輯部）收**

地址：台北市 10445 中山區中山北路二段 26 巷 2 號 2 樓
電話：(02) 25621383　傳真：(02) 25818761
E-mail：titan3@ms22.hinet.net

＊請沿虛線剪下，對摺裝訂寄回，謝謝！

大田精美小禮物等著你！

只要在回函卡背面留下正確的姓名、E-mail和聯絡地址，
並寄回大田出版社，
你有機會得到大田精美的小禮物！
得獎名單每雙月10日，
將公布於大田出版「編輯病」部落格，
請密切注意！

大田編輯病部落格：http：//titan3pixnet.net/blog/

智慧與美麗的許諾之地

＊請沿虛線剪下，對摺裝訂寄回，謝謝！

讀者回函

你可能是各種年齡、各種職業、各種學校、各種收入的代表，
這些社會身分雖然不重要，但是，我們希望在下一本書中也能找到你。

名字／＿＿＿＿＿ **性別**／□女 □男　**出生**／＿＿＿年＿＿＿月＿＿＿日

教育程度／

職業：□ 學生□ 教師□ 內勤職員□ 家庭主婦 □ SOHO族□ 企業主管
□ 服務業□ 製造業□ 醫藥護理□ 軍警□ 資訊業□ 銷售業務
□ 其他＿＿＿＿＿

E-mail/＿＿＿＿＿ 電話／＿＿＿＿＿

聯絡地址：

你如何發現這本書的？　**書名：和新井一二三一起讀日文㊁**

□書店閒逛時＿＿＿＿書店 □不小心在網路書站看到（哪一家網路書店？）＿＿＿＿
□朋友的男朋友(女朋友)灑狗血推薦 □大田電子報或編輯病部落格 □大田FB粉絲專頁
□部落格版主推薦＿＿＿＿＿
□其他各種可能 ，是編輯沒想到的＿＿＿＿＿

你或許常常愛上新的咖啡廣告、新的偶像明星、新的衣服、新的香水……
但是，你怎麼愛上一本新書的？

□我覺得還滿便宜的啦！ □我被內容感動 □我對本書作者的作品有蒐集癖
□我最喜歡有贈品的書 □老實講「貴出版社」的整體包裝還滿合我意的 □以上皆非
□可能還有其他說法，請告訴我們你的說法

＿＿＿＿＿

你一定有不同凡響的閱讀嗜好，請告訴我們：

□哲學 □心理學 □宗教 □自然生態 □流行趨勢 □醫療保健 □ 財經企管□ 史地□ 傳記
□ 文學□ 散文□ 原住民 □ 小說□ 親子叢書□ 休閒旅遊□ 其他＿＿＿＿＿

你對於紙本書以及電子書一起出版時，你會先選擇購買

□ 紙本書□ 電子書□ 其他＿＿＿＿＿

如果本書出版電子版，你會購買嗎？

□ 會□ 不會□ 其他＿＿＿＿＿

你認為電子書有哪些品項讓你想要購買？

□ 純文學小說□ 輕小說□ 圖文書□ 旅遊資訊□ 心理勵志□ 語言學習□ 美容保養
□ 服裝搭配□ 攝影□ 寵物□ 其他＿＿＿＿＿

請說出對本書的其他意見：